Erprobung und Einsatz
Junkers Ju 90 bis Ju 290

Helmut Bukowski
Fritz Müller

BRANDENBURGISCHES VERLAGSHAUS

Junkers Ju 90

Ein Dessauer Riese

Erprobung und Einsatz
der Junkers Ju 90 bis Ju 290

Erinnerungen und Berichte
eines Junkers-Flugzeugprüfers

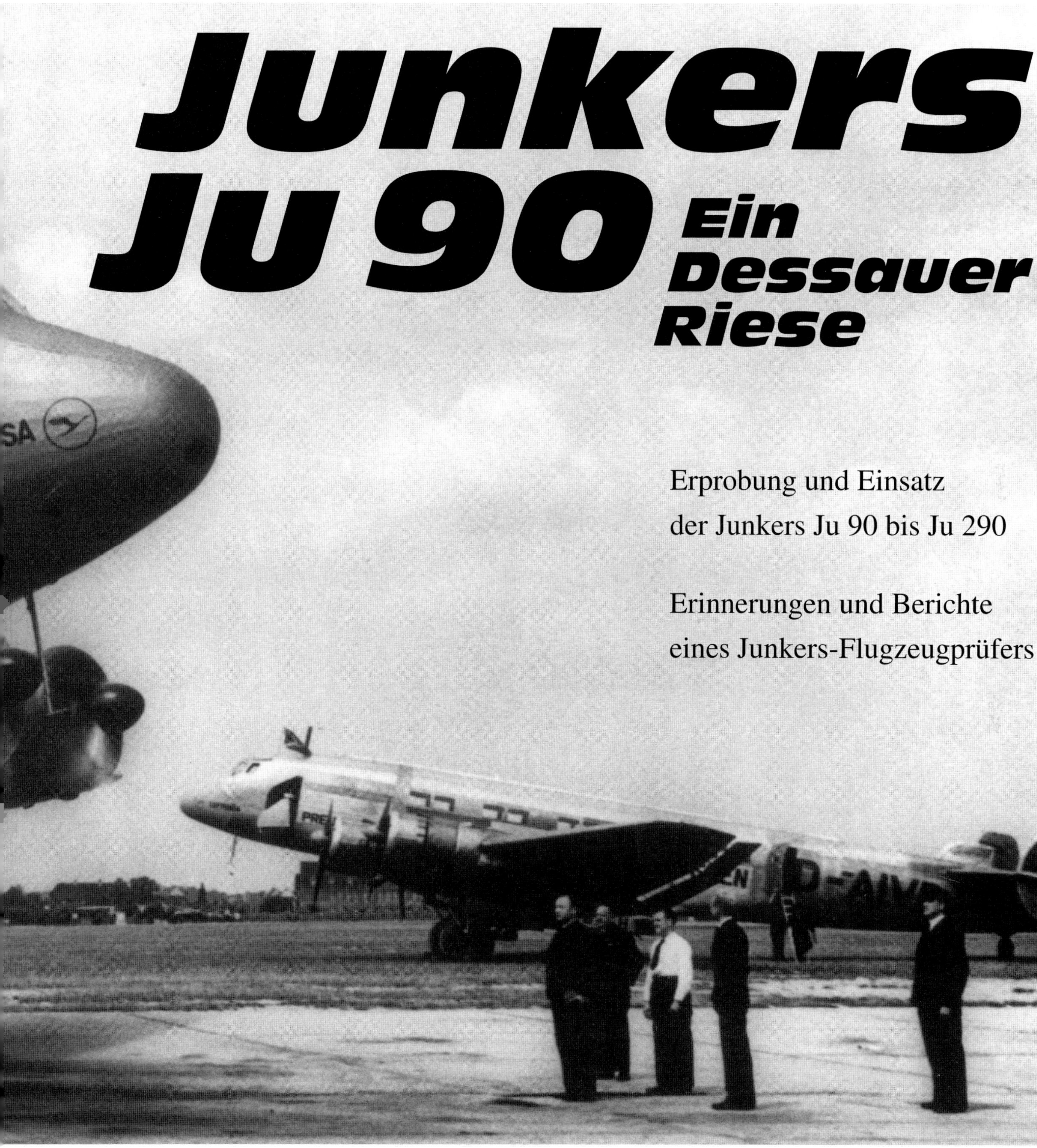

Bildnachweis: Deutsches Museum München (5),
Sammlung Griehl (9), Hänig (2),
Sammlung Müller (91), Sammlung Petrick (13)

Der Verlag ist Herrn Bernd Junkers,
Herrn Doz. Dr. Dr. Günter Schmitt
und Herrn Matthias Gründer
zu Dank verpflichtet.

Foto auf dem Schutzumschlag:
Die Vorbereitung der Ju 90 V-2 für den Flug
nach Bathurst in den Morgenstunden
des 21. November 1938. Foto: Sammlung Müller

Das Foto auf dem Titel zeigt die Ju 90 V-3
»Bayern«, als letztes der Versuchsmuster mit
kleinem Hauptfahrwerksrädern beim Warm-
laufen der Motoren. Ganz rechts Fritz Müller,
Sommer 1938. Foto: Sammlung Müller

Die Deutsche Bibliothek – CIP-Einheitsaufnahme

Bukowski, Helmut:
Junkers Ju 90: ein Dessauer Riese/
Helmut Bukowski/Fritz Müller. – 1. Aufl. – Berlin:
Brandenburgisches Verl.-Haus, 1995
ISBN 3-89488-083-X
NE: Müller, Fritz:

ISBN 3-89488-083-X

1. Auflage

Printed in Germany
Zeichnungen: Manfred Meyer
Kartenzeichnung: Ronald Bense
Röntgenschnitt: Matthias Gründer
Gestaltung: Wolfgang Ritter
Schutzumschlag und Einband: Günter Hennersdorf
Gesamtherstellung: Druckerei zu Altenburg GmbH

Inhaltsverzeichnis

Zum Geleit

60 Jahre nach dem Tode Hugo Junkers und 50 Jahre nach dem Ende des verheerenden zweiten Weltkrieges sollte man meinen, daß bereits alles über die Flugzeuge erforscht und veröffentlicht worden sei, die seinen Namen trugen – jene, die noch unter seiner tatkräftigen Führung entstanden, aber auch jene, mit denen die Nationalsozialisten unter Mißbrauch des Namens Junkers die halbe Welt mit Tod und Schrecken überzogen. Doch das vorliegende Buch zeigt mit bisher unbekannten Dokumenten und Fotos, daß offensichtlich auch weiterhin mit einigen Überraschungen zu rechnen ist und die Erforschung der langen und wechselvollen Geschichte der Junkers-Werke und ihrer Erzeugnisse noch einige Lücken aufweist, die es zu schließen gilt.

Obwohl Professor Hugo Junkers im ersten Weltkrieg durchaus Jagd- und Infanterieflugzeuge baute und sich auch anschließend auf Drängen der Weimarer Regierung der Entwicklung von Militärflugzeugen widmete, galt sein ganzes Sinnen und Streben der Vervollkommnung des Ganzmetall-Verkehrsflugzeuges. Mit wirtschaftlichen Motoren ausgestattet, sollte es der noch schwach entwickelten Verkehrsluftfahrt auf solider technischer Grundlage eine sichere und ökonomische Perspektive als völkerverbindendes Instrument geben – sein Ethos als Wissenschaftler befahl ihm, für den Fortschritt zu wirken. Insofern war der »Große Dessauer« mit seinen Weiterentwicklungen ein Flugzeug, auf das er sicher stolz gewesen wäre. Aber ebenso wie er nationalistischer Kriegstreiberei im ersten Weltkrieg zurückhaltend gegenüberstand, ebenso, wie er in der Zeit der Weimarer Republik keine Berührungsängste vor Wirtschaftsbeziehungen mit der Sowjetunion hatte, war mein Großvater nicht bereit, seine Ideen, Entwicklungen und Betriebe bedingungslos dem wiedererstarkten deutschen Militarismus zur Verfügung zu stellen, was ihm den Haß erst der Reichswehrführung und dann den der Nationalsozialisten eintrug, die ihn folgerichtig 1933 seines Lebenswerkes beraubten. Denn es war die hier am weitesten und am fortschrittlichsten entwickelte Technologie des Metallflugzeugbaus sowie die hervorragende technische Basis der Junkers-Werke, die den Stamm der künftigen militärischen deutschen Luftflotte hervorbringen sollten.

Was aber weiterlebte, war der in diesem Buch beschriebene »Junkers-Geist«, der alle Mitarbeiter beseelte, und den sich die neuen Herren ganz bewußt zunutze machten. In der Tat war der Name Junkers, wie hier beschrieben, im Laufe der Jahre Eigentum des Werkes und seiner Belegschaft geworden, und die Flugzeuge aus Dessau waren und blieben »Deutsche Wertarbeit« im besten Sinne. Es war und blieb auch eine lebenslange Ehre, bei und für Junkers zu arbeiten – der einzelne gab alles für Junkers, und in gewollter und funktionierender Wechselbeziehung hatte er Anteil am Ruhm der Erzeugnisse. Die Tragik daran ist jedoch, und das wird in den Erinnerungen und Berichten des Flugzeugprüfers Fritz Müller mehr als deutlich, daß nunmehr die unter Professor Hugo Junkers erreichte und weltweit anerkannte einzigartige Disziplin sowie die hohe Qualifikation der Mitarbeiter skrupellos dazu genutzt wurden, aus einem Herstellerbetrieb für Verkehrsflugzeuge eine Luftrüstungsschmiede zu formieren und in den Dienst der Vorbereitung des Angriffskrieges zu stellen, den Stolz der Junkers-Belegschaft statt für die Verbindung der Völker zu deren Unterjochung zu mißbrauchen. So kam es, daß der Name Junkers, der einst in aller Welt mit Hochachtung genannt wurde, nunmehr geschändet wurde und zu einem Synonym für Tod und Vernichtung verkam.

Es ist den Herren Fritz Müller und Helmut Bukowski sowie dem Brandenburgischen Verlagshaus zu danken, daß sie dieses hochinteressante Kapitel der Junkers-Geschichte geschrieben und veröffentlicht haben, in dem nicht nur akribisch eine Flugzeugfamilie vorgestellt, sondern auch der von meinem Großvater begründete »Junkers-Geist« für die Nachwelt erlebbar wird. Ich wünsche diesem Buch von Herzen eine wohlwollende Aufnahme durch die Leser.

Planegg bei München, im März 1995 — Bernd Junkers

Vorwort

Zeitzeugen und Zeitdokumente über die Junkers Flugzeug- und Motorenwerke zu finden, wird zunehmend schwieriger, je mehr Zeit seit dem historischen Geschehen verstreicht. Auch die Aufzeichnungen darüber erscheinen mir lückenhaft. Angesichts dessen, daß die Junkers-Fachbibliothek, das Betriebsarchiv und die Junkers-Lehrschau in Dessau Kriegsbeute der Alliierten wurden und die Stätten und Zeugnisse dieser Zeit durch Demontage, Reparationen und Beschlagnahme verlorengingen, sind wir der nachfolgenden Generation den Versuch schuldig, die Lücken zu schließen und das wenige, was noch vorhanden sein sollte, aufzuspüren und zu bewahren.

Herr Fritz Müller aus Dessau ist einer der wenigen Zeitzeugen, der einen Bruchteil seines Materials über die Junkers Ju 90/ Ju 290, das der Krieg ihm übrig ließ, hat bewahren können. Seine Dokumente und technischen Beschreibungen der Ju 290, die Fotos sowie ein Flugbuch vermitteln uns ein interessantes und authentisches Bild von der Erprobung und dem Einsatz einzelner Versionen dieses Großflugzeugs bis zum Jahre 1943. Eine Auswahl der Dokumente und Fotos aus dem Archiv Fritz Müllers wird erstmals veröffentlicht.

Aus der Sicht eines Junkers-Flugsicherheitsprüfers, der zehn Jahre bis 1945 auch am Baumuster Ju 90/Ju 290 im Stammwerk Dessau arbeitete, sprechen die Aufzeichnungen eine lebendige Sprache, die es ermöglicht, das Geschehen bei Junkers nachzuvollziehen. Deshalb wurde weitgehend auf eine Nacherzählung verzichtet und zur Erläuterung des historischen Hintergrundes den jeweiligen Berichten ein kurzer Abriß vorangestellt. Zum besseren Verständnis der zahlreichen technischen Begriffe beinhaltet das Buch eine Beschreibung der Ju 290 A. Die darin enthaltenen Junkers-Originalabbildungen geben nicht nur eine Vorstellung von diesem Flugzeug, sondern auch dem Modellbauer eine einmalige, exakte Vorlage zum Nachbau.

Ich hoffe, daß dieses Buch bei den Junkers-Freunden, Luftfahrt- und technisch Interessierten, Historikern und Modellbauern Zustimmung findet.

Mein besonderer Dank gilt Herrn Fritz Müller, der mit seinem Material und seiner Hilfe das Zustandekommen dieses Buches erst möglich machte. Zu danken habe ich außerdem Herrn Manfred Griehl und Herrn Peter Petrick, die Fotos zur Verfügung stellten. Nicht zuletzt haben Herr Klaus-Peter Matte durch fototechnische Arbeiten und Herr Manfred Meyer durch ausgezeichnete Rißzeichnungen zum Gelingen dieses Buches beigetragen. Mein Dank gilt auch Herrn Matthias Gründer für die fachliche Begutachtung.

Strausberg, im Frühjahr 1995

Helmut Bukowski

Meine Begegnungen mit Professor Hugo Junkers

Als ich im Jahre 1922 zwölf Jahre alt war, galt mein Hauptinteresse den Flugzeugen von Junkers. Zu dieser Zeit war die Beobachtung der mit Schwimmern ausgestatteten F 13 beim Starten und Landen auf der Elbe beim Kornhaus (Dessau-Leopoldshafen) für mich ein besonderes Erlebnis, denn hier befand sich zeitweise eine Station der Junkers-Werke zur Erprobung ihrer Wasserflugzeuge. Das weckte in mir den Wunsch, bei Junkers in die Lehre zu gehen, um Flugzeugbauer zu werden. Mein Wunschtraum ging in Erfüllung, nach vier Lehrjahren war ich Flugzeugschlosser.

Höhepunkt meines damals noch jungen Lebens war eine persönliche Begegnung mit Professor Junkers, zu der es wie folgt kam: Anfang 1928 streikte die Belegschaft der Junkers-Flugzeugwerk AG (Jfa), jedoch gestattete die Streikleitung den Lehrlingen und Angestellten, für unumgängliche Arbeiten einzuspringen. Auf dem Flugplatz Dessau-Alten beauftragte mich Flugplatzleiter Hase, eine J 32, die als Erprobungsträger für den Flugmotor L 55 bestimmt war, zu warten und flugklar zu halten. Gleichzeitig erhielt ich die Aufgabe, für den Empfang der Direktionsmaschine, einer F 13, mit der Junkers unterwegs war, die Vorbereitungen zu treffen. Hase machte mir eindringlich klar, auf keinen Fall das Hinstellen der Ausstiegshilfe für Junkers – eine kleine provisorische Holztreppe – zu vergessen. Nach der Landung tat ich alles wie angewiesen. Als Junkers wieder festen Boden unter seinen Füßen hatte, betrachtete er das in der offenen F-13-Kabine rußgeschwärzte Gesicht seines Piloten, des späteren Flugkapitäns Fritz Loose, und sah sich zu einer spaßigen Bemerkung veranlaßt. Dann wandte er sich an mich, erkundigte sich nach meinem Befinden und meiner Arbeit und fragte, warum ich trotz des Streiks hier sei. Nachdem ich ihm alles erläutert hatte, fand er anerkennende Worte für mich und die Leistungen eines Lehrlings im vierten Lehrjahr. Wir alle wußten, wie verständnisvoll Junkers zu seinen Betriebsangehörigen war; nun hatte ich es selbst erlebt. Diese Begegnung habe ich noch heute vor Augen. Sie dauerte zwar nur Sekunden, aber ich werde sie nie vergessen.

Ein weiteres Erleben der Persönlichkeit Professor Junkers', das einen tiefen Eindruck auf mich machte, hatte ich anläßlich seines 70. Geburtstages am 3. Februar 1929. In der großen Ico-Halle (Gas- und Elektrogerätewerk) in Dessau-Alten, die extra dafür ausgeräumt worden war, sprach der Jubilar vor seinen 5000 Mitarbeitern. Auch wir Gesellen waren eingeladen. Zu dieser Zeit waren die Junkers-Erzeugnisse und die Stadt Dessau weltbekannt. Junkers, der nichts für sich selbst tat, mußte zu dieser Feier erst von seinen engsten Mitarbeitern überredet werden. Im Gedächtnis blieb mir jener für Junkers typische Satz, den er in seinen Dankesworten sprach: »Der Name Junkers gehört nicht mehr mir und meiner Familie, sondern er ist für das, was er in der Welt gilt, Eigentum des Werkes und all seiner Mitarbeiter geworden.«

Und da war noch etwas, was uns Gesellen und Lehrlinge besonders beeindruckte, denn nicht nur Junkers wurde geehrt. Hinter seinem Rednerpult stand überhöht die Marmorbüste des zwölf Jahre zuvor verstorbenen Obermeisters Knick. Fast alle Redner, so auch Junkers, gedachten seiner, eines Menschen, von dem Junkers sagte, daß er an der Entwicklung des Metallflugzeugs einen hervorragenden Anteil gehabt habe. »Obermeister Knick«, so führte er aus, »ist ein Beispiel dafür, wie notwendig es ist, durch treue Hingabe und Erfinderkraft des Qualitätsarbeiters die geistige Kraft des Forschers zu ergänzen.« Das konnte man auch von allen anderen Junkers-Meistern sagen. Für sie war keine Arbeit zu schwer und kein Tag zu lang. Mit einem festen Gefühl der Zusammengehörigkeit und Verbundenheit endete diese eindrucksvolle Feier.

Daß die Junkers-Belegschaft unzertrennlich war, zeigte die schwere Wirtschaftskrise von 1932: Trotz der Entlassung mehrerer Tausend Mitarbeiter standen die Verbliebenen zu Junkers und waren einverstanden, starke Lohnkürzungen in Kauf zu nehmen.

Auch wenn es sich bei den vom Jubilar Junkers formulierten Sätzen um Dankesworte handelte, so entsprachen sie doch durchaus den Tatsachen. Die von ihm geschilderte Arbeitsgemeinschaft bestand wirklich, und ich habe sie immer wieder erlebt; es gab damals einen stark ausgeprägten »Junkers-Geist«. Mit Stolz betonten viele ehemalige Mitarbeiter später, daß sie bei Junkers gearbeitet hätten.

Flugzeugprüfer Fritz Müller 1938 im Versuchsbau/JFM Dessau. Foto: Sammlung Müller

Der Ausbau der Junkers-Werke im Zuge der nationalsozialistischen Luftrüstung

Nach 1933 ging es der neuen deutschen Reichsregierung darum, anstelle des Baus von Verkehrsflugzeugen den von militärischem Luftfahrtgerät einzuleiten und zu beschleunigen. Dafür boten unter anderem auch die Junkers-Werke in Dessau günstige Voraussetzungen, und die Nationalsozialisten unternahmen alles, die Junkers AG uneingeschränkt in ihre Hand zu bekommen. Deshalb gingen sie den Weg der völligen Ausschaltung Hugo Junkers', der ihnen mit seinen Ansichten vom friedlichen Luftverkehr im Wege war. Sie brauchten aber seinen Weltruf, seine Werke und die disziplinierte und hochqualifizierte Stammbelegschaft sowie deren Produktionserfahrungen. Über die Wahrheit, daß man unter dem Vorwurf des Landesverrates für Junkers ein Werksverbot erzwang, und daß die erzwungene Unterschrift zur Abgabe der Mehrheit seiner Aktien das Ende seiner Lebensarbeit bedeutete, wurden wir in Unwissenheit gehalten. Die Pressemitteilungen, Junkers habe sich von der Leitung seiner Fabrikationsstätten zurückgezogen, trugen dazu bei, das wirkliche Geschehen zu verschleiern.

Wenn ich nun heute – aufgeklärt über das, was sich 1933/34 wirklich mit und um Junkers ereignete – nach über 50 Jahren zurückblicke und darüber nachdenke, wie man diesen Mann demütigte und sich unrechtmäßig seiner Werke bemächtigte, so ist das für mich unfaßbar.

1934 erlebte die Junkers-Flugzeugwerk AG in Dessau einen ungeahnten Aufschwung. Die neuen Herren setzten auf eine schnelle Verwirklichung ihrer Vorhaben und sahen unter anderem vor, die bewährte Ju 52/3m als Übergangsbombenflugzeug zu bauen, da kein anderer brauchbarer Bomber zur Verfügung stand. Noch in diesem Jahr erhielten die Junkers-Werke den Auftrag, über 1000 Ju 52 zu fertigen, ein für Jfa gigantisches Bauprogramm. Jedoch mußte dazu die Massenfertigungsbasis erst geschaffen werden. Wir Dessauer Flugzeugbauer erlebten den Aufbau eines vollkommen neuen, hochmodernen Werkes am Nordrand des alten Flugplatzes, das alles Bisherige übertraf. Nach nur zehn Monaten Bauzeit standen Ende 1934 das neue Werk und das Fließband, ein neues Verwaltungsgebäude, der seinerzeit größte und modernste deutsche Windkanal, Versuchsabteilungen und mehrere große Fertigungshallen. Diese waren in solchen Größenordnungen angelegt, daß jede für sich durch die immensen Ausmaße und seitlichen Anbauten in Verbindung mit den Zulieferbetrieben ein selbständiger Massen-Fertigungsbetrieb war. Die modernen Baustoffe Glas und Klinker gaben dem Werk ein gefälliges Aussehen. Im Vorhallenfeld bis hin zur Einflughalle Dessau-Alten erstreckten

Hauptverwaltung der JFM Dessau mit Junkers-Lehrschaugebäude (links vorn mit Glasaufbau auf dem Dach, 1946 demontiert) im Jahre 1935. Foto: Sammlung Müller

sich großzügig angelegte Betonflächen – die sogenannte Platte – für die Außenarbeiten an den Flugzeugen, und die Start- und Landebahn war in Richtung Westen bis nach Kleinkühnau verlängert worden. Eine ebensolche Modernisierung und Ausdehnung erfuhr die Junkers-Motorenwerke GmbH (Jumo).

Insgesamt erstreckte sich der Neubau der Verwaltungs-, Forschungs- und Montagehallen über eine Gesamtfläche von 67000 m². Diese enorme Vergrößerung der Junkers-Werke bedingte ein sprunghaftes Ansteigen der Zahl der Belegschaftsangehörigen. Mit einer großangelegten Ausbildungskampagne bewältigte man 1934 die Qualifizierungsprobleme. Für den Nachwuchs baute man eine neue Berufsschule; neuen Wohnraum schuf man durch forcierten Eigenheimbau und die Vergrößerung der Stadtrandsiedlungen. Die »Junkers-Siedlung« entstand ebenfalls in dieser Zeit.

Mitte der dreißiger Jahre hatte die Flugzeugtechnik in Dessau einen hohen Ent-

Luftbild JFM Dessau 1935. Im Vordergrund die Versuchsbau-Halle – an der Straße nach Kleinkühnau –, in der Fritz Müller als Flugzeugprüfer arbeitete.
Foto: Sammlung Müller

wicklungsstand erreicht. Die Ju 160, Ju 86 und Ju 89 wichen grundsätzlich von der bisherigen Junkers-Bauweise ab und leiteten durch die Verwendung von Glattblech aus Duralumin eine neue Epoche der modernen Schnellverkehrsflugzeuge ein, die dann zur Ju 90 führte. Im neuen Werk erfuhren das Junkers-Flachkopf-Nietverfahren und das Punktschweißen bei der Großfertigung von glattblechbeplankten Flugzeugen eine weitere Vervollkommnung. Das galt auch für Werkzeuge und Anlagen: Preßlufthämmer, Schienennietwerkzeuge, Niet- und Stauchmaschinen, elektrische Abkantbänke, Profilwalzmaschinen, Pelspressen, Streck- und Tiefziehpressen, Einziehmaschinen sowie Nietpressen gehörten zum modernen Fertigungsbetrieb. Durch das Montage-Taktverfahren war Junkers zum Schrittmacher der Großfertigung im deutschen Flugzeugbau geworden.

Auch die Junkers-Flugmotorenentwicklung hatte zu diesem Zeitpunkt bereits von sich reden gemacht. Motorentechnisch war es gelungen, den Schweröl-Flugmotor Fo-4 – eine der Pionierleistungen von Professor Junkers, ein Gegenkolben-Zweitakt-Dieselmotor mit Lader und Brennstoffeinspritzung (530 kW) – zum Jumo 204 (588 kW) weiterzuentwickeln und parallel dazu den Typ Jumo 205 mit Höhenlader zu schaffen, der später beim Musterprüfungslauf 735 kW leistete. Er fand Mitte der dreißiger Jahre Verwendung in den Ju-86-Kampfflugzeugen der Risiko-Luftwaffe (eine intern gebrauchte Bezeichnung für den schwachen Stand der im Aufbau begriffenen deutschen Luftwaffe bis zum Jahre 1937). Da die Ju 86 auch als Reise- und Verkehrsflugzeug bei verschiedenen Luftverkehrsgesellschaften eingesetzt wurde, erflog man mit diesem Motor diverse Weltrekorde bei Lang-

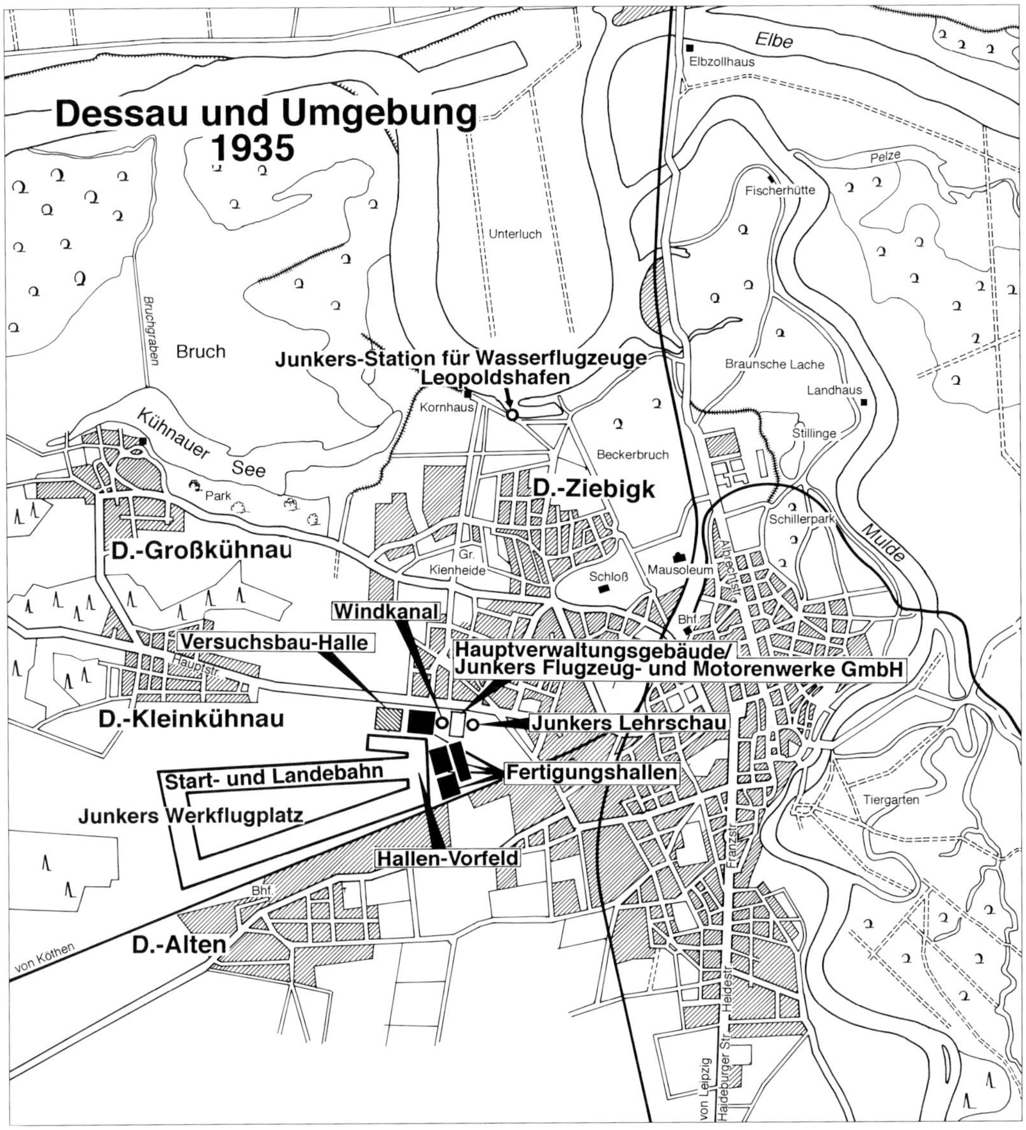

streckenflügen, so zum Beispiel beim Flug der Ju 86 »Bückeberg« (Besatzung: Diplomingenieur Achterberg und Flugkapitän Untucht) im August 1938 von Halle/Saale nach Bathurst in Afrika und anschließend zurück. Dabei betrug die Flugstrecke jeweils 5800 Kilometer nonstop.

Ihre sprichwörtliche Zuverlässigkeit erreichten die Diesel-Flugmotoren in den Dornier-Flugbooten des Typs Do 18, die über je zwei Motoren in Tandemanordnung verfügten. Solche Flugzeuge flogen unter anderem im Nord-Süd-Atlantikverkehr und stellten ebenfalls 1938 einen Streckenrekord mit 8400 Kilometern auf.

Beachtenswert ist die Tatsache, daß die Firma Jumo im Gegensatz zu anderen Motorenherstellern die Aggregate einschließlich eigener Verstellschraube selbst entwickelte und produzierte. Der Dieselflugmotor von Junkers war weltweit der einzige Motor dieser Betriebsart, der in Großserie gebaut und erfolgreich eingesetzt wurde. Zu bemerken sei noch, daß der weiterentwickelte Jumo 207, ein ausgesprochener Höhenmotor, ab 1939/40 Flughöhen von 10000 Metern bei Dauerleistung erreichte und in der Ju 86 P mit Druckkabine im Kriege ohne weiteres 14 000 Meter schaffte.

Im Jahre 1931 begann die Entwicklung eines 20-Liter-Hochleistungs-Ottomotors unter Leitung von Professor Mader, deren praktische Arbeiten dem Dessauer Ingenieur Kurt Erfurth anvertraut wurden. Ende 1932, mitten in der Wirtschaftskrise, kam der Jumo 210 zur Erprobung. Alle Geräte und Regler waren Erzeugnisse der Junkers-Forschung. Bereits 1934 wurde die Typenprüfung mit 500 kW abgeschlossen. Die Variante Jumo 210G mit 530 kW Startleistung war der erste Serienflugmotor mit Leichtöleinspritzung und vollautomatischer Gemischregelung. Er wurde durch die Erfolge beim Züricher Flug-Meeting 1937 weltbekannt. Ab 1934 erfolgte die Entwicklung des ähnlichen, nach dem Storchschnabel-Prinzip konstruierten Jumo 211 mit 35 Litern Hubvolumen, der die Leistungsklasse 735 bis 1175 kW abdeckte (der Storchschnabel ist ein Zeichengerät, mit dem technische Zeichnungen proportional vergrößert werden können). In Riesenzahlen gebaut, fand der Jumo 211 bei der Ju 87, der Ju 88 sowie der Ju 90 V-4 Verwendung.

Die Sicherung eines hohen Produktionsausstoßes an Flugzeugen und Motoren sowie die Forderung nach hoher Flugsicherheit und Zuverlässigkeit der Aggregate verlangte nach einer Erweiterung und Profilierung der Prüforganisation und des Prüfdienstes, denn die Fertigungsprüfung hatte inzwischen bei Junkers einen hohen Stellenwert erhalten. Erfahrene Flugzeugschlosser wurden dafür gesucht. Mein Wunschtraum, einmal im Ausland für Junkers tätig sein zu können, war zerronnen, denn durch die Aufrüstung bestand kein Bedarf mehr für den Außendienst.

Zu diesem Zeitpunkt lagen zehn Jahre Berufserfahrung an den Typen F 13, A 20, J 32, W 33/34, G 23, G 31, Ju 52 und Ju 86 hinter mir. 1935 bewarb ich mich als Flugzeugprüfer, und zum Jahresausgang hatte ich alle Abteilungen vom Wareneingang bis zur Serienfertigung durchlaufen. Ab 1937 arbeitete ich im Versuchsbau.

Reihenfertigung Ju 52/Ende 1934 in Dessau.
Foto: Sammlung Müller

Am 24. Mai 1928 wurde das 1000. Junkers-Flugzeug, die G-31, W. Nr. 3003, fertiggestellt. Dieses feierliche Ereignis hat Fritz Müller miterlebt. Auf dem Gruppenbild ist er auf dem nach unten gebogenen Steuerbord-Auspuffkrümmer des Mittelmotors sitzend zu sehen. 1. Reihe stehend, v. l. n. r.: 1. Chefpilot Zimmermann (sein Nachfolger war Kindermann), 4. Flugplatzleiter Hase. V. r. n. l.: 2. Betriebsleiter Köhler, 3. Direktor Thiedemann, 4. Meister Schreiber, Vater von Flugkapitän Heinz Schreiber, der am 24. September 1946 eine auf russisches Geheiß in Dessau gebaute, mit Sowjetstern versehene Ju 88 für Studienzwecke nach Moskau flog.
Foto: Sammlung Müller

Als Flugzeugprüfer beim Bau der Ju 89 V-2

Im Jahre 1936 wurden Jfa und Jumo zur Einheitsgesellschaft »Junkers Flugzeug- und Motorenwerke AG« (JFM) zusammengeschlossen. Gleichzeitig erfolgte die Zusammenlegung der Zweigwerke Aschersleben, Bernburg, Halberstadt, Köthen, Leopoldshall, Magdeburg, Schönebeck, Leipzig und Merseburg, um nur die umliegenden zu nennen. Das Dessauer Werk hieß nunmehr Flugzeug-Stammwerk Dessau (FSD).
Vorstandsvorsitzender blieb Heinrich Koppenberg, der – obwohl nicht branchenkundig – 1933 eingesetzt worden war und als Generaldirektor fungierte. Unter seiner Leitung wurde das neue Flugzeugwerk aufgebaut. 1940 übernahm Doktor Leo S. Rothe bis 1945 diese Stelle. Entwicklungschef der JFM blieb, wie bereits unter Junkers, Doktor Mader, der für den Motorenbau verantwortlich zeichnete. Entwicklungschef im Flugzeugbau dagegen wurde nicht, wie allgemein angenommen, Ernst Zindel, der sich mit der G 38 in Dessau einen Namen gemacht hatte, sondern Professor Herbert Wagner. Zindel blieb bis 1945 Konstruktionschef und war für die Baumuster Ju 86, 88, 89, 90 und 290 zuständig. Nachfolger Wagners von 1938 bis 1945 war dann Professor Heinrich Hertel. Technischer Direktor und unter anderem verantwortlich für das Prüfwesen, dem auch ich angehörte, war bis 1945 Richard Thiedemann. Ich kannte sie alle von Angesicht, weil sie öfter im Versuchsbau weilten. Koppenberg war interessiert, aber unnahbar, während sich Zindel bei jeder Konstruktionsänderung mit uns Praktikern beriet. Prof. Wagner war durch das Höhenversuchsflugzeug EF 61 bekannt geworden, und Prof. Hertel vergeudete seine Zeit mit der Ju 288, die nie in Serie ging. Mader schließlich war wegen seiner J 1 und der Motoren berühmt.

Ju 89 V-1 im Fluge. Am Bug die Logstange, ein Meßgerät zur Messung der Geschwindigkeit, die später auch bei den Ju 90 V-Mustern angebracht wurde. Diese Aufnahme läßt nur wenige Details erkennen, jedoch macht sie schön die Tragflächen-Pfeilung deutlich.
Foto: Sammlung Müller

Meine Arbeitsstelle, die Prüfgruppe im Versuchsbau, befand sich in der Halle des Entwicklungsbetriebes, die auf dem Werksgelände nahe der Kühnauer Straße in Richtung Kleinkühnau gelegen war. Das Prüfwesen im Versuchsbau leitete seinerzeit Ingenieur Willi Krause, und mein unmittelbarer vorgesetzter Ingenieur hieß Rudi Clemens.
1936 entstand in Dessau der Fernbomber Ju 89, eine Parallelentwicklung zur Dornier Do 19, entsprechend einer Aufgabenstellung des Reichsministers der Luftfahrt vom 24. Mai 1933. Die zwei Versuchsmuster der Ju 89 entstanden in der Versuchsbau-Halle, und meine Prüfarbeit erstreckte sich von der Montage der V-2 bis zu ihrer Flugerprobung. Dieser zweite Prototyp absolvierte als D-ALAT (Werk-Nummer 4912) am 12. August 1937 unter Flugkapitän Karl-Heinz Kindermann seinen Erstflug, während die V-1 mit dem Kennzeichen D-AFIT (Werk-Nummer 4911) bereits am 11. April 1937 unter Führung von Flugkapitän Peter Hesselbach zum Jungfernflug gestartet war.
Die V-2 war ein viermotoriger Tiefdecker in Glattblech-Ganzmetallbauweise mit Endscheiben-Seitenleitwerk und Junkers-

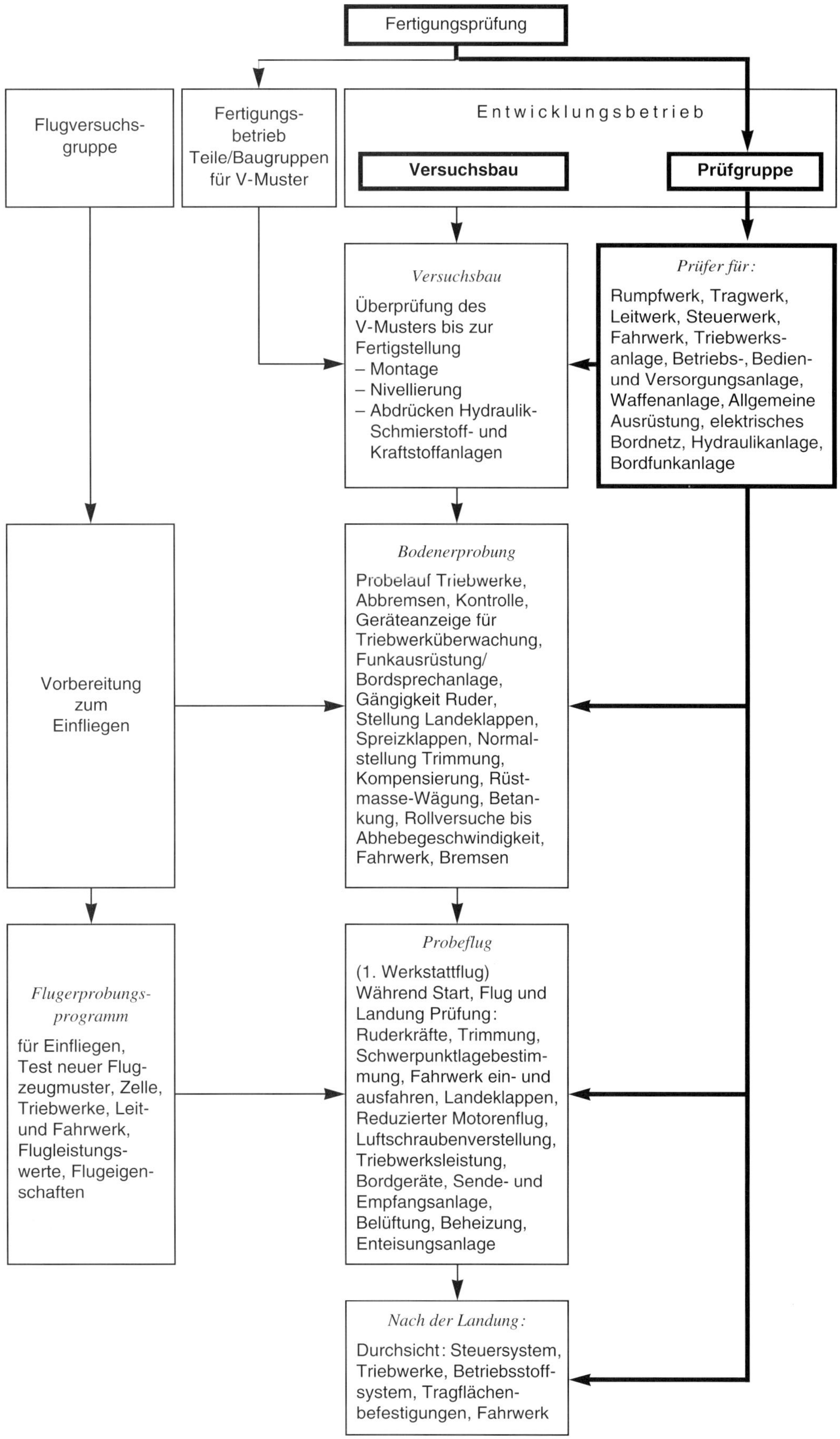

Doppelflügel-Landeklappen, deren äußere Hälften als Querruder dienten. Diplomingenieur Ernst Zindel, der Schöpfer der legendären Ju 52/3m, befaßte sich auch mit der Entwicklung dieses Baumusters. Hier entstand ein modernes Junkers-Großflugzeug mit einer Spannweite von über 35 Metern und starker Tragflügelpfeilung. Fahrwerk und Spornrad waren einziehbar. Vier DB 600C-Motoren mit je 670 kW und verstellbaren Dreiblatt-Luftschrauben wurden installiert. Der wesentliche Unterschied zur Ju 89 V-1 mit ihren Hamilton-Verstelluftschrauben bestand darin, daß die V-2 VDM-Verstellpropeller (Erzeugnisse der Vereinigten Deutschen Metallwerke) und bedeutend größere, einziehbare Schmierstoffkühler unterhalb der Motoren – wie später bei der Ju 90 – besaß.

Zur erfolgreichen Entwicklung und Erprobung der Ju 89 V-1/V-2 und dem parallel dazu entstehenden Großverkehrsflugzeug Ju 90 trug die Prüfgruppe des Entwicklungsbetriebes ebenso bei wie die Monteure und Ingenieure des Konstruktionsbüros, des Versuchbaus sowie die Flugversuchsgruppe. Das war eine Teamarbeit, bei der sich jeder auf den anderen verlassen können mußte. Irrtümer und Fehler ließen sich nur durch ein exakt funktionierendes Kontroll- und Prüfsystem aufspüren und ausmerzen. Wir als Flugzeugprüfer waren die Gütekontrolleure und für die zuverlässige Funktion aller Teile und Aggregate sowie für eine hohe Flugsicherheit verantwortlich. Die Prüfung der im Versuchsbau neu entwickelten Muster unterschied sich deutlich von der Fertigungsprüfung des Serienbaus: Dort ging es um die Kontrolle sich ständig wiederholender Arbeitsgänge, während der Prüfer im Versuchsbau die Aufgabe hatte, den gesamten Montageprozeß der Teile einziger Ausfertigung (Unikate) vom Anbeginn bis zur Endmontage beziehungsweise bis zum Einflug des Versuchsmusters auf die Einhaltung der Einbauvorschriften und das Beheben der Beanstandungen zu beaufsichtigen. Eines hatte allerdings die Fertigungsprüfung des Versuchsbaus mit der der Serie ge-

V. l. n. r.: 1. Konstruktionschef der Ju 89, später Ju 90, Ernst Zindel, 1938. 2. Flugkapitän Walter Hänig. 3. Dipl.-Ing. Werner Hotopf, Flugversuchsgruppe JFM. Dahinter: Ju 88 V-7. Foto: Hänig

meinsam: die völlige Unabhängigkeit und Selbständigkeit. Wir waren dem Ingenieur Ritter, seinerzeit Versuchsbau-Leiter, nicht unterstellt, sondern die Prüfgruppe unterstand dem Technischen Direktor und hatte die Fertigung unbeeinflußt von den Betriebsstellen zu überwachen.
Wir waren verantwortlich für die konstruktionsgerechte Ausführung der Arbeiten. Mit Handspiegel, Holmlampe, Spion, Prüf- und Schiebelehre, Spezialmeßgerät und anderem mehr gingen wir streng nach den technischen Zeichnungen ans Werk. Den Beanstandungen folgten die Beseitigung der Mängel und die Nachkontrolle, und alle Änderungen – ihre Zahl war beim Versuchsbau bedeutend höher als im Serienbau – galt es ständig zu überwachen. Das neu entwickelte Muster verließ nach der Endmontage die Versuchsbauhalle, nachdem die Nivellierungsarbeiten, das Abdrücken des Hydraulik-, Schmier- und Kraftstoffsystems sowie die Anzeigeeichungen der Geräte abgeschlossen waren. Im Freien, auf der »Platte«, schloß sich die Funktionsprüfung der Triebwerke an. Auch die Funkausrüstung wurde jetzt kontrolliert, und die Kompensierung des Kurskompasses gehörte mit dazu, das heißt die Beseitigung der durch Eisenteile des Luftfahrzeugs entstehenden Fehler an Bord-Magnetkompen.
Danach begannen die Rollversuche bis zur Abhebegeschwindigkeit, wobei wir vor allem die Bremsen und die Neigung des Flugzeuges zum Ausbrechen überprüften. Nach dieser gründlichen Vorarbeit folgte der erste Werkstattflug. Dabei kam es für uns darauf an, alle Anlagen und Aggregate genauestens auf störungsfreie Funktion zu überprüfen. Beim Start verfolgten wir das einwandfreie Einziehen des Fahrwerks und beobachteten die dafür vorhandenen Signalgeräte. Während des Fluges erfuhren wir von der Flugversuchsgruppe die Gängigkeit und den Kraftaufwand für die Betätigung der Ruder. Dafür setzte man

Startklarmachen der Ju 89 V-1,
die am 11. April 1937 zum Erstflug gestartet war, zu einem Erprobungsflug in Dessau.
Foto: Sammlung Petrick

Ruderkraft-Dynamometer, Ruderwinkelanzeiger und -schreiber ein. Das Fahrwerk wurde vor allem bei reduzierter Motorenzahl probeweise ausgefahren, wofür die Besatzung die einzelnen Triebwerke jeweils im normalen als auch im steigenden Geradeaus- und Kurvenflug abstellte. Die Verstell-Luftschrauben unterzogen wir ebenfalls einer sorgfältigen Prüfung, ebenso die Motoren auf Gasannahme und gegenseitige Leistungsunterschiede.
Zahlreiche Meßgeräte, die bei Junkers entworfen und hergestellt worden waren, kamen zur Anwendung. Große Aufmerksamkeit zollten wir den Bordgeräten, der Funkanlage, der Belüftung und Beheizung sowie der Schwerpunktlage-Bestimmung durch langwierige Gewichtsverlagerungen. Nach der Landung überprüften wir außerdem das Steuer- und das Betriebsstoffsystem sowie die Motorenanlagen. Es folgte eine umfangreiche Nachkontrolle, und anschließend wurden die Beanstandungen behoben.
Bei der Ju 89 V-2 hatte man zur Verstellung der Landeklappen in die Start- und Landestellung ein kompliziertes Hebelsystem installiert, dessen Betätigung auf pneumatischen Arbeitszylindern beruhte. Die mit der Anwendung der Pneumatik auftretenden Schwierigkeiten, insbesondere die Kompressibilität (die Zusammendrückbarkeit der in den pneumatischen Arbeitszylindern verwendeten Luft in Abhängigkeit von Druck und Temperatur), erwiesen sich als langwierig. Deshalb führte man bei der Ju 90 die hydraulische Betätigung der Landeklappen, Fahrwerke und Bremsanlagen ein. Dabei gab es anfangs Probleme in der Verträglichkeit einzelner Gummi- und Hydraulikölsorten.
Während die Ju 89 V-2 Mitte August 1937 in die Flugerprobung ging, war inzwischen die Endmontage der Ju 90 V-2, die ich als Flugzeugprüfer mit zu beaufsichtigen hatte, im vollen Gange.
Abschließend ist zu bemerken, daß die Ju 89 V-2 ein sehr leistungsfähiges Flugzeug war. Am 4. und am 8. Juni 1938 erreichte die Maschine unter Führung von Flugkapitän Kindermann mit einer Nutzlast von 5000 Kilogramm eine Höhe von 9312 Metern und mit 10000 Kilogramm 7242 Meter. Dieser Rekordflug mit der V-2 hat uns sehr beeindruckt. In der »Rheinisch-Westfälischen Zeitung« vom 11. Juni 1938 erschien übrigens ein Interview mit den Rekordfliegern Kindermann, Flugzeugführer Wendel und Diplomingenieur Hotopf. Hier war die Rede von den oben genannten Rekordflügen, die man jedoch der Ju 90 V-1, dem »Großen Dessauer«, zuschrieb. Die Ju 90 V-1 war aber bereits am 7. Februar 1938 bei Flatterversuchen abgestürzt.

Bau und Erprobung der Ju 90 V-2

1937 wurde in Dessau die im Bau befindliche Ju 89 V-3 als Ju 90 V-1 mit dem Eigennamen »Der Große Dessauer« fertiggestellt. Am 28. August 1937 erhob sich die Maschine zum ersten Mal unter Flugkapitän Kindermann mit Diplomingenieur Gast von der Flugversuchsgruppe als zweitem Besatzungsmitglied in die Luft. Wie aber wurde aus dem Bomber Ju 89 das Großverkehrsflugzeug Ju 90? Fast gleichzeitig mit dem Auftrag für die Ju 87 war Junkers vom RLM beauftragt worden, einen viermotorigen Bomber mit großer Waffenzuladung und mittlerer Reichweite zu projektieren, ein Flugzeug, das seiner Auslegung nach etwa den späteren englischen und amerikanischen »Terrorbombern« zur Bekämpfung von Flächenzielen vergleichbar war. Mit Junkers erhielt Dornier den gleichen Entwicklungsauftrag, der zur Do 19 führte. Bei uns erhielt dieser Bomber die Typenbezeichnung Ju 89. Das Flugzeug hatte eine Spannweite von 35,5 m, eine Flügelfläche von 184 m^2, eine Rüstmasse von 17 und eine Startmasse von etwa 23 Tonnen. Die Maximalgeschwindigkeit in Volldruckhöhe der Motoren betrug rund 390 km/h. Die Holme beziehungsweise Gurte der Flügelbiegeträger bestanden bei der Ju 89 und der aus dieser abgeleiteten Verkehrsausführung Ju 90 zum letzten Mal aus Duraluminrohren.

Wie schon bei der Ju 86 wurde vom Reichsluftfahrtministerium das Zugeständnis gemacht, aus der Ju 89 eine zivile Version als Verkehrsmaschine für die Deutsche Lufthansa abzuleiten und die Wünsche der Fluggesellschaft zu berücksichtigen, soweit sie die militärische Grundkonzeption nicht beeinträchtigten. Wieder begann das uns schon von der Ju 86 her in unangenehmer Erinnerung gebliebene Tauziehen zwischen den militärischen und zivilen Dienststellen: So wollte das RLM aus Gewichts- und Widerstandsgründen einen möglichst kleinen und niedrigen Rumpf, dessen Abmessungen durch die vertikalen Bombenmagazine bestimmt waren. Die Lufthansa wünschte dagegen die möglichst komfortable Unterbringung der Passagiere und damit einen wesentlich breiteren und höheren Rumpfquerschnitt. Die sich widersprechenden Wünsche und unerfreulichen Diskussionen darüber wurden glücklicherweise dadurch aus der Welt geschafft, daß, noch bevor die erste Verkehrsversion gebaut wurde, 1937 im RLM die Entscheidung fiel, die gesamte Entwicklung des Großbombers zu stoppen und damit grundsätzlich von der Idee des »Terror-Bombenkriegs« abzugehen. Statt

Ju 90 V-1, noch ohne Bemalung, auf dem Dessauer Flugfeld. August 1937.
Foto: Sammlung Petrick

Ju 90 V-1 (D-AALU) vor der Versuchsbau-Halle nach der Zulassung. September 1937. Die Lufthansa-Bemalung ist nur eine Retusche des Postkartenvertriebs.
Foto: Sammlung Petrick

Aufnahme vom Vorführungsflug vor der Presse. 13. September 1937. Foto: Sammlung Petrick

Vor der Pressevorführung erhielt die V-1 den Schriftzug »DER GROSSE DESSAUER«. September 1937. Foto: Sammlung Petrick

dessen wurde fortan die Entwicklung von mittleren und schweren Sturzkampfbombern für die Bekämpfung militärisch wichtiger Punktziele forciert. Nun war der Weg für eine den Wünschen der Lufthansa und damit auch anderer Luftverkehrsgesellschaften entsprechenden, rein zivilen Ausführung dieses Flugzeugs für den Passagierverkehr frei. Für Junkers bedeutete das vor allem die Konstruktion eines völlig neuen Rumpfmittelteiles für 40 Passagiere mit allem möglichem Komfort sowie bequemen und breiten Sitzen in genügendem Abstand.[1])

1) siehe auch: Ernst Zindel, Die Geschichte und Entwicklung des Junkers Flugzeugbaus von 1910-1938, Köln, 1970.

Nach dem Erstflug Ende August 1937 unterzog man die Ju 90 V-1 einer kurzen, aber intensiven Erprobung, so daß sie bereits am 13. September der Presse vorgestellt werden konnte. Die Besichtigung, die Instruktion und der Vorführungsflug hinterließen bei den Pressevertretern einen nachhaltigen Eindruck von diesem modernen Großraum-Verkehrsflugzeug. Danach folgte ein umfangreiches Erprobungsprogramm, zu dem auch Flatterversuche gehörten. Das Flattern konnte man einerseits durch ständiges Steigern der Fluggeschwindigkeit ermitteln, wobei allerdings die erhöhte Gefahr eines Schwingungsbruchs des Leitwerks oder gar des Flügels bestand; zum anderen, indem man durch eingebaute Elektromotoren mit umlaufender Unwucht Schwingungen auslöste und schon vor Erreichen der kritischen Fluggeschwindigkeit Schwingungsbilder erhielt, die Rückschlüsse auf die Flatterneigung zuließen.
Bei dieser Erprobung am 7. Februar 1938 ging »Der Große Dessauer« zu Bruch. Nachdem Teile abgerissen und weggeflogen waren, stürzte die Maschine ab und zerschellte bei Libbesdorf nahe Dessau. Während es Kindermann und Gast gelang, sich durch Fallschirmabsprung zu retten, verunglückte Diplomingenieur Alfred Hahnemann von der Flugversuchsgruppe, der nahe der Einstiegstür ein Meßgerät bediente, tödlich, weil sich sein Fallschirm nicht geöffnet hatte, als er in 200 Metern Höhe freikam. Trotz dieses Unglücks kam es jedoch zu keinem Baustop. Obwohl der Flatterversuch die kritische Belastungsgrenze weit überschritten hatte, war allerdings der Ruf der Ju 90 fortan getrübt. Wir alle waren sehr deprimiert nach diesem Unfall.
In der Zwischenzeit absolvierte die Ju 90 V-2 »PREUSSEN« (Werk-Nummer 4914) am 2. Dezember 1937 erfolgreich ihren Erstflug, abermals mit Karl-Heinz Kindermann am Steuer und Flugversuchsingenieur Erich Gast auf dem zweiten Sitz. Die Verkehrsmaschine bot im Fluggastraum 40 Passagieren bequeme Sitzgelegenheiten. Die Inneneinrichtung entsprach modernsten Anforderungen.

Der hauptsächliche Unterschied der V-2 zur V-1 bestand in der Antriebsanlage. Während die V-1 mit dem Motor DB 600 A (735 kW) ausgerüstet war, erhielt die V-2 bereits den für die Serie vorgesehenen BMW 132H/1 (610 kW). Der stärkere, wassergekühlte DB 600 stand nicht mehr zur Verfügung, denn er war für die Luft

Die abgestürzte Ju 90 V-1 bei Libbesdorf nahe Dessau. 7. Februar 1938.
Foto: Sammlung Müller

Ju 90 V-2 bei der Endmontage.
Foto: Sammlung Müller

Während des Warmlaufens der Motoren kontrolliert der Bordmonteur von außen die Ölkühler. Frühjahr 1938. Foto: Sammlung Müller

waffe reserviert, und ein anderer Motor gleicher Leistung war zu diesem Zeitpunkt in Deutschland nicht verfügbar. Deshalb mußte man sich mit dem damals stärksten betriebsreifen, luftgekühlten Neunzylinder-Sternmotor von BMW begnügen, der zwar die Startbedingungen erfüllte, aber die Maximalgeschwindigkeit auf etwa

Fritz Müller mit Fallschirm während eines Erprobungsfluges der V-2. 1. Halbjahr 1938. Foto: Sammlung Müller

Die komfortable Inneneinrichtung der Ju 90 V-2 bot 40 Passagieren Platz. Foto: Sammlung Müller

340 km/h begrenzte. Dieser neue Motor erforderte eine Reihe neuerlicher Erprobungen, ergänzend zu den mit der V-1 ermittelten Parametern, so daß die Flugversuchsgruppe und wir von der Prüfgruppe alle Hände voll zu tun hatten, um die offen gebliebenen Tests des Flugversuchsprogramms der V-1 nachzuholen. Das zog sich bis zum Mai 1938 hin.

Am 5. Mai waren wir endlich soweit, die Ju 90 V-2 zur Zulassungsüberprüfung durch die Bauaufsicht der Luftwaffe (BAL) an die Erprobungsstelle des RLM nach Rechlin zu überführen. Ich hatte das Glück, mit dabei sein zu dürfen und zu erleben, daß die BAL-Flüge durch die E-Stelle unter Leitung von Diplomingenieur Carl Francke dank unserer gründlichen Vorbereitung erfolgreich verliefen und die Flugeigenschaften der Maschine Anerkennung fanden.

Am 26. Mai wurde die V-2 mit dem Kennzeichen D-AIVI zugelassen, und danach riß in Dessau der Besucherstrom in- und

Die »PREUSSEN« mit der ersten DLH-Bemalung während der Erprobungsflüge. Ende Mai 1938. Foto: Sammlung Petrick

Dieses Foto mit Autogramm erhielt Fritz Müller von Flugkapitän Robert Untucht während der Streckenerprobung. Foto: Sammlung Müller

Die Ju 90 V-2 vor der Halle IV des Flughafens Berlin-Tempelhof während der 100-Stunden-Erprobung der DLH unter Leitung von Flugkapitän Robert Untucht. Juni 1938. Foto: Sammlung Müller

ausländischer Gäste nicht mehr ab. Die D-AIVI wurde Vorführungsflugzeug der Deutschen Lufthansa, und von dort kam am 26. Mai 1938 Flugkapitän Robert Untucht, der Chefpilot der Abteilung Technische Entwicklung, um sich auf der Ju 90 einzufliegen und einen 100-Stunden-Test mit ihr zu absolvieren. Untucht war unter anderem durch den sensationellen China-Flug der Ju 52 D-ANOY unter Führung von Freiherr von Gablenz bekannt geworden. Diese Expedition führte die beiden im August 1937 im Auftrage der Deutschen Lufthansa über das Pamir-Gebirge, um eine Flugroute nach China zu erkunden. Auf dem Rückflug mußten sie in Ansi notlanden, wurden dort vier Wochen lang von Aufständischen festgehalten und trafen erst Anfang Oktober 1937 wieder in Berlin ein. Seine außergewöhnlichen fliegerischen Fähigkeiten demonstrierte Untucht, indem er die »PREUSSEN«, im Tiefflug aus Richtung Dessau-Alten kommend, über dem Flugplatz nahe dem Junkers-Verwaltungsgebäude wie ein Jagdflugzeug steil in die Höhe zog, bis sie, immer langsamer werdend, den oberen Punkt erreichte, dann seitwärts über den Flügel abkippte, sich um 180 Grad um die Hochachse drehte, in den Sturzflug ging und in die Richtung zurückflog, aus der sie gekommen war. Mit dem über 20 Tonnen schweren Flugzeug eine hochgezogene Kehrtwendung beziehungsweise den sogenannten »Immelmann-Turn« zu zeigen, war für uns verblüffend und machte uns als Erbauer stolz. Zum Erstaunen der Dessauer, die im Freien und aus den aufgerissenen Fenstern die Kunstflugfiguren von Untucht verfolgten, wiederholte er den Turn mehrmals und schließlich von Mai bis Ende Juni noch öfter über dem Flugfeld.

Zu Pfingsten 1938 (5. und 6. Juni) unternahm die Deutsche Lufthansa einen Deutschland-Rundflug als Werbeflug mit Vertretern der Fluggesellschaft und der Junkers-Werke an Bord. Auch ich hatte die Gelegenheit mitzufliegen. Der Flug führte von Dessau mit Zwischenaufenthalten über Berlin, München, die Alpen, Frank-

D-AIVI in Hamburg-Fuhlsbüttel mit Bordmonteur Lardong im Cockpit. Juni 1938.
Foto: Sammlung Müller

Fritz Müller vor der Ju 90 V-2 während des Deutschland-Rundfluges auf dem Flughafen Frankfurt/Main. Foto: Sammlung Müller

Die Ju 90 V-2 während des DLH-Werbefluges in Stuttgart/Böblingen. Juni 1938.
Foto: Sammlung Müller

furt am Main, Köln, Münster, Hamburg, die Insel Fehmarn – um nur die wichtigsten Stationen der Flugroute zu nennen – und den Harz nach Dessau zurück. In der Nähe von München bereitete uns Untucht überraschend das große Vergnügen, das Fluggefühl des Immelmann-Turns mehrmals hintereinander selbst zu erleben. Die Begeisterung war groß, und ebenso die Stimmung wie die Zustimmung, die die »PREUSSEN« auf allen Verkehrsflugplätzen gefunden hatte.

Danach wurden die Rundflüge bis Ende Juni fortgesetzt, um das 100-Stunden-Testprogramm abzuarbeiten. Wir Junkers-Techniker, die diese Erprobungsflüge begleiteten, waren unter Leitung von Diplomingenieur Gast damit befaßt, gezielt nach Programm Erprobungen, Beobachtungen, Flugmessungen und Prüfungen der technischen, wärmemechanischen, hydraulischen und elektrotechnischen Vorgänge durchzuführen. Zum Test der Enteisungsanlage, die seinerzeit viel Kopfzerbrechen bereitete, wurden mehrere Flüge in die Alpen zum Groß-Glockner beziehungsweise zur Zugspitze unternommen. Zahlreiche Prüf- und Meßgeräte, die eigens von der Flugversuchsgruppe für die Ju 90 entwickelt worden waren, befanden sich an Bord und halfen uns, die Ursachen für technische Mängel zu finden. Zur Messung von Parametern der Heizungs- und Belüftungsanlage, die seinerzeit noch ein Schwachpunkt war und die Beseitigung der Mängel von uns verlangte, verwendeten wir den neu entwickelten Kanallog, ein spezielles Flugmeßgerät für Rohrleitungen. Startlog- und Luftloganlage (Gerät zur Messung von Startstrecke und Abhebegeschwindigkeit beziehungsweise Wegstreckenzähler, der aus einem vom Fahrtwind angeblasenen Propeller mit Zählwerk bestand) erbrachten des weiteren Leistungswerte über Minimal- und Maximalgeschwindigkeiten, die bei den Erprobungsflügen ständig gemessen wurden – in verschiedenen Höhen, bei reduziertem Motoreneinsatz (Zweimotorenflug) und bei unterschiedlichen Flugmassen.
Die bis zum im Monat November 1938 geplanten Südamerika-Erkundungsflug verbleibende Zeit wurde von uns intensiv genutzt, um die aufgetretenen Unzulänglichkeiten der Ju 90 V-2 zu beheben und diesen Einsatz gründlich vorzubereiten.

LUFTHANSA

Absturz der »PREUSSEN« in Afrika

Im zweiten Halbjahr 1938 traf die Deutsche Lufthansa Vorbereitungen für einen Erkundungsflug der Ju 90 von Berlin nach Südamerika. Sie wollte damit die Möglichkeit der Einrichtung eines Passagierdienstes als Ergänzung der schon länger bestehenden Postlinie prüfen. Ende November 1938 waren die Vorbereitungen dafür abgeschlossen, und die »PREUSSEN« sollte den Flug ausführen. Gemeinsam mit der Junkers-Flugversuchsgruppe bereitete man in Dessau den Einsatz vor und erflog alle notwendigen Meßdaten über Start, Landung und Betriebsstoffverbrauch im Tag- und Nachtflug.

Zur Reichweitenerhöhung erhielt die Maschine zwei Zusatztanks. Am 21. November stand die Ju 90 V-2 bereit für den Erprobungsflug, der in der ersten Phase nach Bathurst (Gambia/Afrika) führen sollte. Am Tag zuvor übernahmen die Techniker der Lufthansa und Flugkapitän Untucht die Maschine. In den frühen Morgenstunden trafen wir die letzten technischen Vorbereitungen für den Start um 7.30 Uhr. Zur Besatzung gehörten weiterhin Flugkapitän Blankenburg, ein Oberflugmaschinist und ein Funker der Lufthansa sowie Oberflugmaschinist Lardong aus Dessau. Zu den Fluggästen zählten vier prominente Personen vom Reichsluftfahrtministerium und zwei Ingenieure von BMW sowie von Junkers die Diplomingenieure Fessler, Schinzinger, Hansen und Flugmaschinist Thieme, insgesamt also 15 Insassen.

Ein Wort zu den Flugkapitänen Untucht und Blankenburg. Beide waren in der Öffentlichkeit durch ihre fliegerischen Leistungen bekannt geworden. Zu Untucht wäre noch hinzuzufügen, daß er seit 1928 bei der Deutschen Lufthansa hauptsächlich der Abteilung Technische Entwicklung zugeteilt war. Alle neuen Flugzeugmuster gingen so durch seine Hände, denn für die Entwicklung des Luftverkehrs waren seine ungewöhnlichen fliegerischen und technischen Fähigkeiten von größtem Wert. Bekannt geworden war er auch durch seine acht Geschwindigkeits-Weltrekorde, die er im Jahre 1933 mit der Heinkel He 70 aufstellte – einem Baumuster, das eine neue Ära im deutschen Verkehrsflugzeugbau einleitete und den Anschluß an das internationale Niveau auf diesem Gebiet schaffte, ja, dieses teilweise sogar eine Zeitlang mitbestimmte. Joachim Blankenburg, der 1927 zur Lufthansa kam und die ersten Vorausflüge von Bord des Dampfers »Europa« aus

Linke Seite:
Die »PREUSSEN« auf der »Platte« in Vorbereitung auf den Südamerikaflug. Im Vordergrund die Ju 90/001. Herbst 1938.
Foto: Sammlung Müller

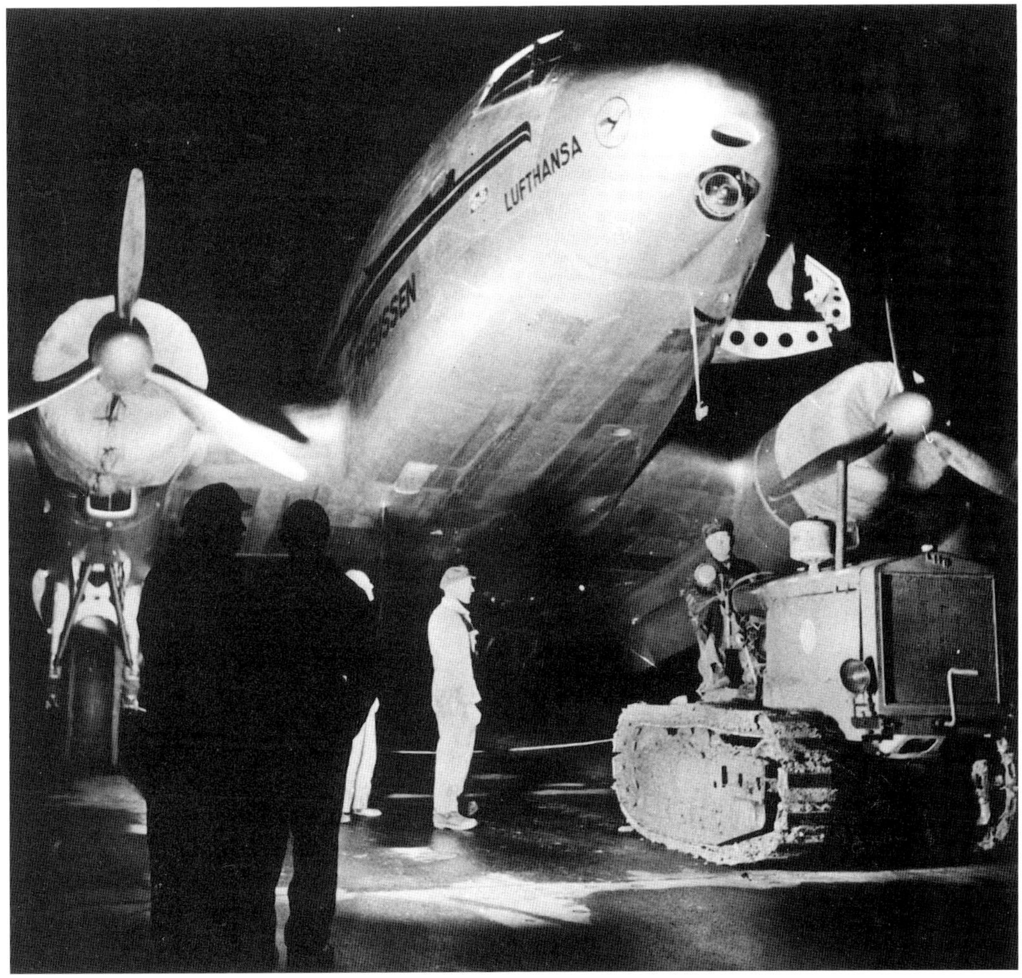

Aus der Werks-Fotoserie für die »Berliner Illustrierte«: Die »PREUSSEN« wird zur Startvorbereitung geschleppt.
Foto: Sammlung Müller

Warmlaufen der Motoren unmittelbar vor dem Start. Beachte die neue Lufthansa-Bemalung der Ju 90 V-2. Foto: Sammlung Müller

Ein letztes Erinnerungsfoto vor dem Start. Fritz Müller in der Mitte in heller Montur. Foto: Sammlung Müller

unternahm, führte sowohl den ersten deutschen Atlantik- als auch den ersten Nordatlantikflug aus. Als erster Flugzeugführer der Welt konnte er im August 1938 seinen 100. Ozeanflug vollenden. Noch siebenmal überquerte er den Nord- und den Südatlantik, dann flog er kurze Zeit im Anschlußdienst zwischen Deutschland und Bathurst, um schließlich auf eigenen Wunsch am Erprobungsflug der Ju 90 V-2 zur Feststellung der Leistungen der Maschine in tropischen Gebieten teilzunehmen. Oberflugmaschinist Lardong schließlich gehörte mit zu den Auserwählten, weil er bestens mit der Ju 90 vertraut war.

Der Flug von Dessau nach Dakar über Marseille und Las Palmas verlief normal. Am 26. November um 9.05 Uhr startete die »PREUSSEN« zu einem Deviationsflug (Ermittlung der Abweichung der Magnetkompenanzeige von der tatsächlichen Nordrichtung) nach Bathurst, wo sie um 11.24 Uhr eintraf, um gegen 16.00 Uhr den Rückflug nach Dakar anzutreten. Aber um 15.30 Uhr geschah das Unfaßbare: Der Start der Maschine – die seit 11.00 Uhr auf der Startbahn in der Tropensonne gestanden hatte, weshalb sich ein Warmlaufen der Motoren erübrigte – wurde vor den Honoratioren und dem Publikum zur Katastrophe. Die große, stolze »PREUSSEN« stürzte unmittelbar nach dem Abheben nach links in einen Palmenhain und ging nach dem Aufschlag sofort in Flammen auf. Dabei fanden elf Insassen, nämlich die Flugkapitäne Untucht und Blankenburg, Oberflugmaschinist Lardong sowie acht weitere Personen den Tod. Vier Teilnehmer des Fluges überlebten mehr oder weniger schwer verletzt das Unglück. Alle vier Überlebenden – Hansen, Thieme, Fessler und Schinzinger – kamen aus Dessau. Von Diplomingenieur Reginald Schinzinger, dem Leiter der Junkers-Flugversuchsgruppe, stammt auch ein überlieferter Erlebnisbericht über den Unfall, aus dem ich am Ende dieses Kapitels zitiere. Diplomingenieur Fessler von den Junkers-Werken erlag am 6. Dezember 1938 seinen Verletzungen; somit waren schließlich zwölf Todesopfer zu beklagen.

Die Nachricht vom Unglück und der Verlust der uns Vertrauten rief im Junkers-Werk eine tiefe Trauer hervor. Nur wenige Stunden nach dem Eintreffen der Schrekkensmeldung flog eine Untersuchungskommission unter Leitung von Flieger-Stabsingenieur Dr. Krüger vom RLM zur Feststellung der Unglücksursache nach Bathurst, wo sie am 29. November 1938 spät abends eintraf. Von Junkers gehörten Flugkapitän Kindermann und Diplomingenieur Aikele zur Kommission.

Am 4. Dezember 1938 konnte die Untersuchungskommission ihre Arbeit unter Berücksichtigung der Zeugenaussagen beenden und kam zu folgendem Ergebnis: *»Abschließend wäre zu sagen, daß die Ursache des Absturzes der Ju 90 V-2 in Bathurst der Leistungsabfall eines Motors infolge von Dampfblasenbildung im Kraftstoffsystem war. Deshalb gelang es nicht, das Flugzeug auf Kurs zu halten bzw. den links von der Startbahn stehenden Palmen auszuweichen.«*

Die Deutsche Lufthansa und die Junkers-Werke setzten den zwölf tödlich Verunglückten auf dem Ohlsdorfer Friedhof in Hamburg, wo sie am 5. Januar 1939 beigesetzt wurden, einen Gedenkstein in Form eines Obelisken, der an dieses schwere Unglück erinnert.

Flugkapitän Untucht (rechts) und Bordwart Kurt Gillwald im Cockpit kurz vor dem Start.
Foto: Sammlung Müller

Abschrift/Ka. Abschrift:
HVP-TV/12.12.1938 von 6.12.38/Ku.

Zeugenaussagen

der bei dem Start der
D-AIVI »Preussen« am
26. November 1938
auf dem Flugplatz Bathurst (Jeshwang)
anwesenden Personen

Die nachfolgenden DLH-Monteure:
Hubert Reichel
Wilhelm Bunge
Walter Rössiger
sowie der Hausverwalter
Fritz Zimelski

beobachteten den Start des obengenannten Flugzeuges und gaben nachstehende Angaben zu Protokoll:

Die Gebäude der Flugleitung und Abfertigung auf dem Flugplatz von Bathurst.
Foto: Sammlung Müller

»Um 16,31 Gmt[1]) setzte der Flugkapitän Untucht auf dem Platzende an der Straße zum Start nach Dakar an. Das Flugzeug rollte mit Vollgas über die Startbahn, bis ein Abheben auf 2/3 Länge der Landebahn erfolgte. Am Ende der Startbahn erreichte das Flugzeug eine Höhe über dem Boden von ca. 20 m.

Von unserem Standort, der sich ca. 30 m von der Landebahn entfernt auf dem Wege zur Werkstatt befand, beobachteten wir den weiteren Verlauf des Starts. Wir konnten deutlich erkennen, wie plötzlich das Flugzeug durchsackte und dabei mehrere leichte Flügelausschläge machte.

Gleichzeitig schob das Flugzeug leicht links weg. Bis zur Platzgrenze erreichte das Flugzeug keine weitere Höhe, jedoch wurde von dem Flugzeugführer versucht, durch leichtes Drücken und Wiederhochziehen über die in bedenkliche Nähe kommenden Palmen, durch die neue Richtung infolge der vorerwähnten Linksschiebung bedingt, hinwegzukommen. Wir waren alle der Ansicht, daß durch dieses Manöver das Flugzeug mit knappem Abstand über die Palmen hinwegkommen würde. Jedoch hatten wir uns getäuscht, denn im selben Moment streifte das linke Flügelende eine Palmenkrone und riß einige Blätter mit Stiel ab. Durch diese Berührung verstärkte sich der Linksdrall und führte zur anschließenden linken Steilkurve. Bei der inzwischen verlangsamten Fahrt konnten wir sehen, wie versucht wurde, den Rumpf in der Steilkurve nochmals hochzureißen, jedoch kam es anschließend zum Abrutschen über den linken Flügel. Die erste Bodenberührung trat mit dem linken Flügelende ein, dann faßte die Kanzel den Boden und überschlug sich das Flugzeug. Eine gewaltige Stichflamme schoß aus den Trümmern hervor. Im selben Augenblick, wie das Flugzeug sich zum Boden neigte, sprangen wir in die parkenden Dienstwagen und rasten zur Unfallstelle. Hier fanden wir nur noch ein Flammenmeer vor, so daß an eine Befreiung bzw. Rettung der Insassen nicht mehr gedacht werden konnte. Zu unserer größten Verwunderung sahen wir in einer Entfernung von ca. 50 m, 4 verletzte Insassen stehen, die den Versuch unternahmen, sich noch weiter von dem Flugzeug zu entfernen. Wir nahmen die Verletzten sofort in unsere Wagen und sorgten nach Anlegen von Notverbänden für schnellste Überführung ins Hospital.

Eine anschließende Absuchung des Geländes nach weiteren Insassen blieb erfolglos, so daß wir mit dem Tod der übrigen Personen rechnen mußten. Nach Ablöschen bzw. Ausbrand der D-AIVI konnten 11 Leichen geborgen werden.«

Die brennenden Trümmer der Ju 90 V-2 kurze Zeit nach dem Aufschlag.
Foto: Sammlung Müller

Wir bezeugen durch unsere Unterschrift, daß wir die Angaben nach bestem Wissen und Gewissen gemacht haben.

Bathurst, den 27. November 1938

gez. Zimelski — gez. Hubert Reichel
gez. Wilhelm Bunge

1) Gmt – Greenwicher mitteleuropäische Zeit

Bericht der Untersuchungskommission über den Unfall der Ju 90 V-2, D-AIVI, am 26. 11. 1938 bei Bathurst

1.) Vorgang

Am 26. 11. 1938 gegen 16.30 Uhr GMT stürzte das Flugzeug Ju 90 V-2, Werk-Nr. 4914, D-AIVI »Preußen« kurz nach dem Start in Bathurst durch Berühren einer Palmkrone ab; es wurde durch Aufschlagbrand vollkommen zerstört. Von den 15 Insassen kamen 11 ums Leben, einer wurde schwer, die drei anderen leichter verletzt.

Besatzung:

Flugkapitän	*Untucht*	*DLH*	*tot*
Flugkapitän	*Blankenburg*	*DLH*	*tot*
Oberflugmaschinist	*Gillwald*	*DLH*	*tot*
Oberflugmaschinist	*Lardong*	*JFM*	*tot*
Funker	*Sager*	*DLH*	*tot*

Fluggäste:

Dipl.-Ingenieur	*Pfäfflin*	*BMW*	*tot*
Ingenieur	*Hasenmüller*	*BMW*	*tot*
Fl. Stabs-Ing.	*Schwendler*	*RLM*	*tot*
Kapitän	*Sutter*	*RLM*	*tot*
Kapitän	*Andrae*	*RLM*	*tot*
Kapitän	*Benthin*	*RLM*	*tot*
Dipl. Ingenieur	*Fessler*	*schwer verletzt*	
Dipl. Ingenieur	*Schinzinger*	*leicht verletzt*	
Dipl. Ingenieur	*Hansen*	*leicht verletzt*	
Flugmaschinist	*Thieme*	*leicht verletzt*	

Die Daten des Flugzeuges:

Zelle:	*Ju 90 V-2 D-AIVI »Preußen«*
	Werk-Nr. 4914
	Betr.Std. 261, ges.
	Betr.Std. 45 nach Kontrolle

Motoren:	*Muster BMW 132H-1*	
BB außen,	*W-Nr. 54207*	*45 Std.*
BB inner,	*W-Nr. 54213*	*45 Std.*
StB innen,	*W-Nr. 54223*	*45 Std.*
StB außen,	*W-Nr. 54210*	*45 Std.*

Verdichtung 1:6,5. Untersetzt 1,61:1,
Gebläse-Übersetzung 1:7,87
Leistung: 830 PS in 1100 m Höhe
bei n = 2250 Umdr/Min.
Gleichdruckhöhe 1100 m.

Propeller:	*Muster Ju H Po 3 20°*	
BB außen,	*W-Nr. 14191*	*40 Std.*
BB innen,	*W-Nr. 14192*	*40 Std.*
StB innen,	*W-Nr. 14193*	*40 Std.*
StB außen,	*W-Nr. 14194*	*40 Std.*

3-Blatt-Schraube; große Steigung 30,8°
Durchmesser 3,50 m
kleine Steigung 24°
Grundeinstellung 33°
n am Stand 1395 Umdr./Min.
Motoren waren mit Gleichdrehzahlreglern ausgerüstet.

Zweck des Fluges *war die Erprobung des Flugzeuges für einen Flug nach Süd-Amerika unter den besonderen klimatischen Verhältnissen der Südflugstrecke. Gleichzeitig sollten einige neue Geräte erprobt werden.*

2) Feststellung am Unfallort:

Zur Untersuchung des Unfalles am Unfallort reisten folgende Herren zur Unfallstelle:

1) Stabsing. Dr. Krüger	*RLM LIn 5*
2) Flugkapitän Graf Schack	*DLH*
3) Dipl.-Ing. Jellinghaus	*DLH*
4) Oberingenieur zur Nieden	*DLH*
5) Oberflugmaschinist Etzold	*DLH*
6) Flugkapitän Kindermann	*JFM*
7) Dipl.-Ing. Aikele	*JFM*

Die Kommission traf am Dienstag, dem 29. 11. 38, spät abends in Bathurst ein.

– Das vorläufige Ergebnis der Untersuchung wurde am 1. 12. 38 wie folgt durchgegeben:

»Preußen Motorausfall links außen im ungünstigsten Moment des Starts+++ Fluggewicht 21,5 tons+++Einschalten elektr. Pumpe zweifelhaft+++wahrscheinlich Dampfblasen+++Kabinentemperatur 4+++5 Rollstrecke 400 Meter+++ Nach weiteren 700 Metern Berührung linke Fläche mit Wipfel 16 Meter hoher Palme 170 Meter links von Startrichtung+++Palmkrone in Flächenende hängengeblieben+++Aufschlagbrand nach 150 Metern+++Flugzeug bis auf Rumpfende und Außenflächen restlos verbrannt.«

Die Kommission konnte sich ein annähernd klares Bild über den Unfall an Hand der Aussagen der Verletzten und der sachkundigen Beobachter am Boden machen. Der Start erfolgte mit einem Fluggewicht von 21,5 to von der günstigsten Stelle in Nordrichtung auf der Startbahn. Wind NO ca 2 m/sec., Außentemperatur 30° im Schatten, leichter Dunst, schwül. Das Flugzeug kam nach etwa 400 m Rollstrecke gut vom Boden frei. Nach dem Befund an der Unfallstelle war das Fahrwerk bereits im Einziehen begriffen. Es erreichte 200 bis 300 m nach dem Abheben eine Höhe von etwa 20 m. Vom Boden wurde beobachtet, daß das Flugzeug allmählich von der Startrichtung abwich und mit stärker werdendem Linksdrehen ca. 5 bis 10 m an Höhe verlor. Das Gelände in Verlängerung der Startbahn steigt vom Abhebepunkt leicht an. In dieser Richtung sind hinter der Platzgrenze die Palmen auf eine Tiefe von ca. 800 m in einer Breite von ca. 200 m abgeholzt. Links und rechts befinden sich zunächst einzelne 5 bis 10 m hohe Bäume und 15 bis 20 m hohe Palmen, danach dichterer Waldbestand von ca. 20 m Höhe. – Das Flugzeug stieß in ca. 15 m Höhe in einer Entfernung von 950 m von der Startstelle, jedoch 180 m links von der ursprünglichen Startrichtung gegen die Krone einer Palme. Ein ca. 2 m langes Stück der Palmenkrone von ca. 200 kg Gewicht blieb am äußeren Ende der linken Fläche hängen. Das Flugzeug bäumte sich stark auf, kippte darauf über den linken Flügel nach vorn ab und verbrannte beim Aufschlag. Die Beobachtung der Augenzeugen des Unfalles sind in beiliegender Niederschrift wiedergegeben. Nach Aussagen des verletzten Ingenieurs Schinzinger beobachtete dieser ein Aussetzen des linken Außenmotors nach dem Abheben. Beobachtungen eines Triebwerksausfalls von den Augenzeugen am Boden liegen nicht vor. Die Motoren waren mit Gleichdrehzahlreglern ausgerüstet.

Das Flugzeug »Preußen« war am Vormittag des 26. 11. in Dakar gestartet und nach einem mehrstündigen Flug ins Innere des Landes gegen 11⁰⁰ Uhr in Bathurst gelandet. Dieser Flug wurde größtenteils in geringer Höhe, d. h. bei hohen Außentemperaturen ausgeführt. Nach der Landung in Bathurst stand das Flugzeug ungefähr 5 Stunden über die Mittagszeit in der Sonne. Kraftstoff wurde nicht nachgetankt. Das Thermometer in der Kabine zeigte beim Anlassen der Motoren 47 °C an. Im vorderen Rumpfraum, in welchem der Startkraftstoffbehälter untergebracht war, hat vermutlich eine noch höhere Temperatur geherrscht, da dieser Raum keine Wandverkleidung hatte. Die Kraftstoff-Thermometer wurden vor dem Start leider von Herrn Hansen, welcher diese Messungen im Fluge zu machen hatte, nicht abgelesen. Bei Messungen auf den vorhergehenden Flügen lag die Kraftstoff-Temperatur im Vorbau 5 bis 10° über der Außentemperatur. Nach dem Anlassen liefen die Motoren nach ca. 10 Minuten am Stand. Abgebremst wurde nicht. Die Kraftstoff-Temperatur auf der Saugseite der vom Flugmotor angetriebenen Kraftstoffpumpen wird unter diesen Umständen mindestens 40°, wahrscheinlich jedoch 45 bis 50° betragen haben. Der Dampfdruck des in Dakar aufgenommenen Startkraftstoffes von 100 Oktan muß noch festgestellt werden.

Das Flugzeug war für diesen Flug, abweichend von den übrigen dieses Musters, zusätzlich mit elektrisch angetriebenen DBU-Kraftstoffpumpen ausgerüstet worden. Mit diesen Pumpen kann der Kraftstoff den vom Flugmotor angetriebenen Pumpen zugedrückt werden, um eine Dampfblasenbildung in der Kraftstoffleitung zu vermeiden. Bei einem Start in Las Palmas, wenige Tage vorher, waren diese elektrisch angetriebenen Pumpen nicht eingeschaltet. Während dieses Starts setzte der B. B.-Außenmotor aus. Flugkapitän Untucht konnte ein Abdrehen des Flugzeuges nach links durch kurzzeitiges Drosseln der übrigen Motoren wieder ausgleichen. Nach Einschalten der elek-trischen Pumpen kam der Motor wieder auf Leistung. Die Besatzung beschloß darauf, beim nächsten Start die elektrisch angetriebenen Pumpen gleich einzuschalten. Der Start in Dakar verlief daraufhin ohne Zwischenfall. Besondere Störungen an den Motoren sind auf den vorhergehenden Flügen der Reise nicht aufgetreten. Herr Schinzinger und Herr Hansen nehmen an, daß beim Start in Bathurst die elektrisch angetriebenen Pumpen nicht eingeschaltet waren, weil Oberflugmaschinist Gillwald aus ungeklärten Gründen Bedenken gegen das Einschalten der elektrisch angetriebenen Pumpen gehabt hat. Flugkapitän Untucht verließ sich darauf, daß Oberflugmaschinist Gillwald beim Start den Brennstoffdruck genau beobachten wollte, um im Notfall die elektrisch angetriebenen Pumpen sofort einzuschalten. Eine klare Vereinbarung der Besatzung mit den die Erprobung durchführenden Ingenieuren über diese Frage hat für den Start in Bathurst gefehlt. Es muß angenommen werden, daß infolge der wesentlich ungünstigeren Temperatur-Verhältnisse gegenüber dem Start in Las Palmas ein nachträgliches Einschalten der elektrischen Pumpen infolge bereits zu weit entwickelter Dampfblasen-Bildung keinen Erfolg mehr hatte. Die Widerstände in der Saugleitung des linken Außenmotors waren anscheinend besonders hoch, denn auf den vorhergehenden Flügen ließ beim Ausfliegen der Tanks stets der Kraftstoffdruck des linken Motors zuerst nach. Anhaltspunkte dafür, daß eine andere Störung im Verlauf des Startes in Bathurst im linken Motor aufgetreten ist oder noch weitere Motoren nachließen, sind nicht vorhanden.

Bei einem Start mit der Ju 52 D-AIOS »O.Boelcke«[1]) wurde der Start der »Preußen« nachgeflogen und festgestellt, daß vom Abheben bis zur Berührung der Palme ein Zeitraum von ungefähr 18 Sekunden zur Verfügung gestanden hat. Herr Schinzinger gibt an, daß Herr Untucht zum Ausgleichen des Momentes, um die Hochachse infolge des Motorausfalles auf der linken Seite die übrigen 3 Motoren, wie bei dem Start in Las Palmas für 1 bis 2 Sekunden drosselte. Nachdem ein Einhalten der Startrichtung so nicht gelang, versuchte Untucht das links drehende Flugzeug über die Palme hinwegzuziehen. Es gelang ihm jedoch nicht mehr, mit dem Flächenende die notwendige Höhe zu erreichen.
Auf Grund der vorangegangenen Erfahrungen mit diesem Flugzeugmuster muß angenommen werden, daß das Flugzeug in dem vorliegenden Flugzustand wohl flugfähig aber nicht genügend steuerfähig war (vermutlicher Staudruck 120 km/Std.). Deswegen gelang es anscheinend nicht, das Flugzeug auf Kurs zu halten bzw. nach dem Abkommen von dem Kurs den links von der Startrichtung hier vereinzelt stehenden Palmen auszuweichen.
Der Führersitz befindet sich im stark gezogenen Flugzustand ca. 4 m über dem Flächenende.

Die Kommission hält es zur genaueren Klärung für richtig, folgende Untersuchungen vorzunehmen:

1) *Untersuchung des BB-Außentriebwerks (der Motor ist verhältnismäßig wenig beschädigt).*
2) *Untersuchung der beiden noch vorgefundenen aber weitgehend durch Brand beschädigten elektrischen Antriebs-Motoren der Kraftstoffpumpen.*
3) *Feststellen des Dampfdruckes des Startkraftstoffes.*
4) *Untersuchung des Kraftstoffschemas des linken Außenmotors möglichst durch praktische Versuche.*
5) *Durch praktische Flugversuche Feststellung des drehenden Momentes um die Hochachse bei geringer Fahrt und Ausfall eines Außenmotors; Möglichkeit des Ausgleichs durch Ruderbetätigung; Feststellen der für den erforderlichen Ausgleich notwendigen Zeitdauer; Feststellung der Zeitdauer vom Beginn der Betätigung des Höhenruders bis zur Auswirkung dieser Betätigung; Feststellung inwieweit und in welcher Zeit drehendes Moment durch Motordrosselung ausgeglichen werden kann.*

Nach Abschluß der Untersuchung an der Unfallstelle wurden die noch vorhandenen Teile des Bruches von dem Vertreter der Britischen Kolonial-Verwaltung, Herrn Jacobs, im Einvernehmen mit der Kommission freigegeben.

Für LIn 5:
gez. Dr. Krüger

Für JFM:
gez. Kindermann
gez. Aikele

Für DLH:
gez. Jellinghaus
gez. zur Nieden
gez. Etzold
gez. Graf Schack

1) Die »Otto Boelcke« war eine im Besitz der Junkers Flugzeugwerke fliegende Werksmaschine.

Die ausgebrannten Backbord-Motoren.
Foto: Sammlung Müller

Die zertrümmerte Backbord-Tragfläche.
Foto: Sammlung Müller

Unterbau des inneren Backbord-Motors mit Fahrwerkgestell. Foto: Sammlung Müller

Reste des Cockpits. Foto: Sammlung Müller

Das Heck der »PREUSSEN« mit Seiten- und Höhenleitwerk. Foto: Sammlung Müller

Knapp sieben Wochen nach der Katastrophe von Bathurst schrieb Diplomingenieur Reginald Schinzinger, der Leiter der Junkers-Flugversuchsgruppe und einer der drei Überlebenden des Absturzes, noch ganz unter dem Eindruck des Erlebten stehend einen elfseitigen Erinnerungsbericht über das Unglück, seinen Krankenhausaufenthalt und seine Rückkehr nach Europa. Am 11. Dezember 1961 schickte der inzwischen in Ottobrunn bei München lebende und dort im Jahre 1976 verstorbene Schinzinger eine Kopie des Berichtes an Fritz Müller nach Dessau. Nachfolgend seine Schilderung der Katastrophe:

»Ich sah beim Start am 26. 11. 1938 – 15.30 Uhr – das Unglück erst sehr spät hereinbrechen: Wir rennen gegen eine Palmenkrone mit dem linken Flügel, sie wird geköpft, der Flügel beschädigt, ich schreie noch meinem Kameraden Fessler zu, der mir gegenüber sitzt, es gibt furchtbaren Bruch, nehme instinktiv meine Beine auf die Bank hoch, da ich bei einem früheren Unfall mein rechtes Kniegelenk brach, dann rauschen wir in die wenig dichtstehende Palmengruppe hinein, ein großer Krach und ich weiß nichts mehr, es war nur dunkel, viel Rauch und Dreckwolken in der Kabine, dann kam ich auf die Erde auf und mit meinem nackten, linken Knie und der linken Hand in brennendes Benzin, ich schleppe mich vom Flügel in ungefähr 45° in den Wald und kann nur schwer atmen; ich sehe rückwärts die furchtbar brennenden Trümmer unseres ehemals stolzen Flugzeugs, das Rauschen des Brandes ist schrecklich, ein Tank platzt noch mit dumpfem Knall, ich denke gefühllos wie ich auch keine leiblichen Schmerzen fühle, da kann ja keiner mehr herauskommen. Ich treffe den stöhnenden und im Gesicht blutenden Kameraden Hansen und treffe dann auf den zu Hilfe herbeigeeilten Lufthansa-Kameraden Runge, der uns beide stützt und am Weiterkommen hilft und verhindert, daß ich mich wegen meiner Atembeklemmung platt an die Erde lege. Ich weiß nichts vom Anlegen eines Notverbandes, aber ich kann mich erinnern, daß im Auto Kamerad Thieme saß, der zeitweise nicht bei Bewußtsein war. Die Fahrt vom Flugplatz zum Krankenhaus durch den Tropenwald dauert lange, sehr lange, ich weiß nicht, wie ich ins Bett kam, nur daß ich immer, wenn ich aufgerichtet werden sollte, das Gefühl hatte, ich müßte ersticken …«

Ju 90 V-3 und V-4 – Prototypen für die Kleinserie

Das Jahr 1938 wurde bei Junkers zum entscheidenden für die Erprobung und den Anlauf der Ju 90-Kleinserie. Für die Fertigungsbasis und ihre Inbetriebnahme war der Stand des Reifegrades des Prototyps Ju 90 eine wesentliche Voraussetzung. Durch den Verlust der V-2 geriet jedoch das Erprobungsprogramm in Verzug. Erst ab Mitte 1938 stand mit der Ju 90 V-3 wieder ein zweites und ab Herbst mit der Ju 90 V-4 ein drittes Versuchsmuster zur Verfügung. Weil fast ein Vierteljahr dazwischen lag, ergab sich für mich die Situation, beide V-Muster prüftechnisch zu betreuen. Flugversuchsgruppe und Prüfwesen/Versuchsbau konzentrierten ihre Anstrengungen auf die Verbesserung der Flugeigenschaften, der Enteisung, des Fahrwerks und der Heizung sowie auf die Einführung eines »schnellen Triebwerkswechsels«.

Im einzelnen sah das so aus: Die Ju 90 V-3 (Werk-Nummer 4915, D-AURE »BAYERN«) startete am 23. Juni 1938 zum Erstflug. Am Steuer saß Flugkapitän Hesselbach, mit dem ich später, 1943 im Kriege, bei Stalingrad mit einer Ju 90 flog. Bereits am 16. Juli übernahm die Lufthansa die Maschine, und ab 28. Juli 1938 flog sie im Liniendienst. Die V-3 war das erste Muster, das mit dem sogenannten Schnellwechselmotor BMW 132 H/1 ausgerüstet war, durch den innerhalb von 30 Minuten die gesamte Einheitstriebwerksanlage (ETW) gegen eine andere ausgewechselt werden konnte. Das war durch den Einbau des Ölbehälters im ETW möglich geworden, so daß man nunmehr die Ölleitungen nicht mehr abtrennen mußte – eine bedeutsame Neuerung, die von der Lufthansa initiiert und von Junkers technisch gelöst wurde. Sie war für alle mit diesem Antrieb ausgerüsteten Flugzeuge anwendbar, und man ließ es

Auffallendes Merkmal der V-3 war das Fehlen des Bugscheinwerfers. München-Riem, Herbst 1938, vierter von rechts: Fritz Müller. Foto: Sammlung Müller

Demonstration des »schnellen Triebwerkwechsels« in Berlin-Tempelhof. 19. Juli 1938. Foto: Sammlung Müller

Prächtig anzusehen: Die V-3 im Fluge.
Foto: Sammlung Petrick

Fritz Müller im Cockpit der Ju 90 V-4.
September 1938. Foto: Sammlung Müller

Fritz Müller mit Fallschirm beim Erprobungsflug der »SCHWABENLAND« vor der Zulassung durch die Bauaufsicht. September 1938.
Foto: Sammlung Müller

Bauexemplare der Kleinserie, Ende 1938. Links hinten die an ihrer besonderen Fensteranordnung erkennbare Ju 90/001. Foto: Sammlung Müller

sich nicht nehmen, den schnellen Wechsel vor der Presse eindrucksvoll zu demonstrieren: Am 19. Juli 1938 fand in Berlin-Tempelhof die Vorführung statt, die großen Anklang fand, und in den »Junkers-Nachrichten« wurde dieses Ereignis eingehend gewürdigt.

Das letzte Versuchsmuster, das auf dem Ju 89-Entwurf basierte, war die Ju 90 V-4 (Werk-Nummer 4916), die ihren Erstflug am 12. September 1938 unter Flugkapitän Kindermann absolvierte. Am 8. November 1938 wurde sie von der Lufthansa als D-ADLH »SCHWABENLAND« übernommen. Mit ihr erprobte man ein verändertes Fahrwerk mit größeren Rädern (Reifen 1 650 x 600 anstelle von 1 450 x 500), das sich als weniger havarieanfällig erwies.

Beide Versuchsmuster entsprachen (bis

Die Ju 90/001 war die erste Maschine der Kleinserie. Foto: Sammlung Müller

auf das Fahrwerk der V-3) weitgehend der anschließenden Serienausführung, und sie sind als Prototypen der Serie anzusehen. Als Angehöriger des Versuchsbaus hatte ich natürlich nichts mit der Serienfertigung der Ju 90 zu tun. Dennoch füge ich dazu folgende ergänzende Hinweise an: Von Februar 1939 bis April 1940 rollten zehn Ju 90 aus den Fertigungshallen. Wegen dieser geringen Anzahl (im Vergleich dazu wurden von der Ju 52 rund 4800 Exemplare gebaut) bezeichnete man sie nur als Kleinserie oder Kleinreihe. Acht flogen zeitweise bei der Lufthansa, die zwei übrigen (Ju 90/002 beziehungsweise /004) waren für die südafrikanische Fluggesellschaft SAA vorgesehen und erhielten deshalb amerikanische Motoren Pratt & Whitney Twin Wasp SC-G (880 kW). Wegen des Kriegsbeginns im September 1939 wurden sie nicht mehr ausgeliefert und kamen wie auch die anderen bei der Luftwaffe zum Einsatz.

Später, im Jahre 1943, wurde ich vom Werk mit der prüftechnischen Betreuung der Ju 90 V-4 – die ein Jahr zuvor die Motoren Jumo 211F (985 kW) erhalten hatte – und von Flugzeugen der Kleinserie bei der Lufttransportstaffel 290 an der Front beauftragt.

Die Ju 90/001 »WÜRTTEMBERG« im Dienst der Deutschen Lufthansa. Foto: Sammlung Griehl

Nach Kriegsausbruch erhielten die Ju 90 der Lufthansa eine neue Bemalung und flogen im Dienst der Luftwaffe (Ju 90/003). Foto: Sammlung Griehl

Die neue »PREUSSEN« (Ju 90/005) unterschied sich äußerlich von ihrer Vorgängerin durch die größeren Räder und die dadurch erforderlichen Ausschnitte in den Radabdeckungen. Beachte die abgenommenen Spinner. Foto: Sammlung Petrick

Bauchlandung der »OLDENBURG« in Dessau nach Leitwerksbruch. 26. Mai 1941. Foto: Sammlung Müller

Warmlaufen der Motoren bei der Ju 90/006 »MECKLENBURG«. Foto: Sammlung Griehl

Die Ju 90/007 »OLDENBURG« 1942 mit DLH-Tarnbemalung beim Sondereinsatz in Barcelona. Foto: Sammlung Griehl

Die Ju-90-Prototypen und die Maschinen der Kleinserie

Version	Eigenname	Erstflug	Eigner
Ju 90 V-3	Bayern	23. 06. 38	DLH als Versuchsflugzeug, ab 1940 Luftwaffe und zurück an DLH bis zum Verlust 1943
Ju 90 V-4	Schwabenland	12. 09. 38	Versuchsflugzeug, ab 1940 als „Sachsen" bei DLH, ab 1942 Luftwaffe
Ju 90/001	Württemberg	24. 02. 39	DLH, ab 1940 Luftwaffe und zurück an DLH, ab 1942 wieder Luftwaffe
Ju 90/002	–	21. 07. 39	RLM
Ju 90/003	Baden	10. 03. 39	DLH, ab 1940 Luftwaffe und zurück an DLH, ab 1942 wieder Luftwaffe
Ju 90/004	–	02. 11. 39	RLM
Ju 90/005	Preußen	03. 04. 39	DLH, ab 1940 Luftwaffe und zurück an DLH, ab 1942 wieder Luftwaffe
Ju 90/006	Mecklenburg	14. 06. 39	DLH, ab 1942 Luftwaffe
Ju 90/007	Oldenburg	19. 10. 39	DLH, ab 1942 Luftwaffe
Ju 90/008	Hessen	04. 02. 39	DLH, ab 1942 Luftwaffe
Ju 90/009	Thüringen	06. 03. 40	DLH, ab 1942 Luftwaffe
Ju 90/010	Brandenburg	25. 04. 40	DLH, im Mai 1940 abgestürzt

Die Einsätze bei der Luftwaffe im Jahre 1940 erfolgten bei der 4./Kampfgeschwader z.b.V. 172 bzw. bei der 4./Kampfgruppe 107, während die Maschinen des RLM in der Flugbereitschaft des Generalluftzeugmeisters flogen. Bei der DLH flogen die Maschinen im Strecken-, Frachtsonder- bzw. Kurierdienst, aber auch für Sondereinsätze der Luftwaffe.

Folgende Doppelseite:

Tafel I
(Ju 89 V-1, V-2; Ju 90 V-1; Ju 90 V-2)

- Seitenansicht (links oben)
  zeigt Ju 89 V-1, V-2 (Werknummer 4911, 4912)
- Draufsicht (rechts)
  Vorderansicht und Seitenansicht
  (rechts, jeweils darunter)
  zeigen Ju 90 V-1 (Werknummer 4913) mit DB-600-A-Triebwerken)
- Draufsicht (links)
  Voderansicht und Seitenansicht
  (links, jeweils darunter)
  zeigen Ju 90 V-2 (Werknummer 4914) mit BMW-132-Triebwerken

Tafel II
(Ju 90 Kleinserie; Ju 90 V-4)

Seitenansichten (von oben nach unten) zeigen:
- Ju 90 (Werknummer 900001), mit BMW-132-Triebwerken
- Ju 90 (Werknummer 900002 und 900004) mit Pratt & Whitney Twin-Wasp SC-G-Triebwerken, vorgesehen für Export nach Südafrika
- Ju 90 (Werknummer 900003, 900005 bis 900010) mit BMW-132-Triebwerken
- Ju 90 V-4 (Werknummer 4916) versuchsweise auf Jumo-211 F-Triebwerke umgerüstet

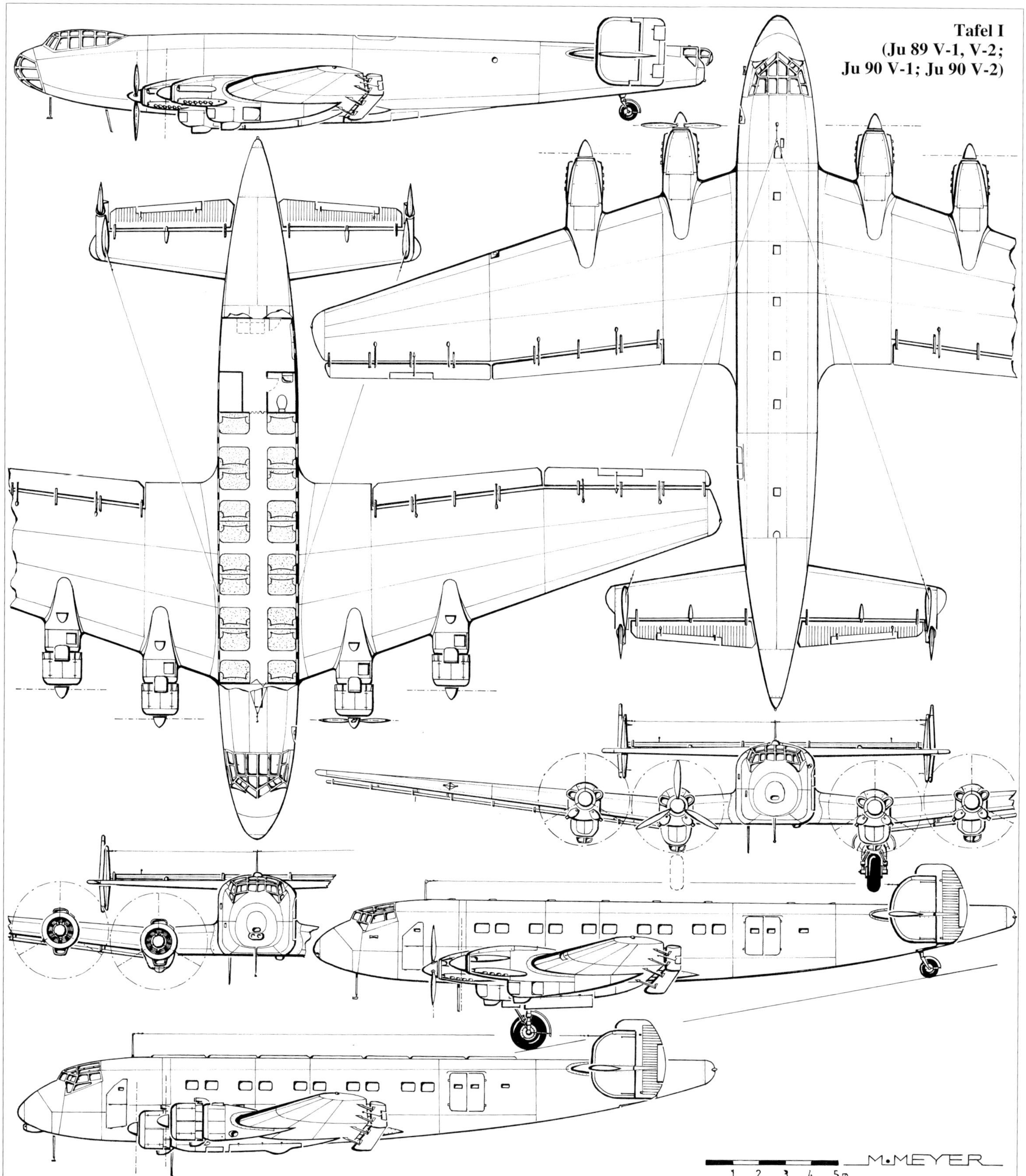
Tafel I
(Ju 89 V-1, V-2;
Ju 90 V-1; Ju 90 V-2)
1 2 3 4 5m
M. MEYER

Tafel II
(Ju 90 Kleinserie;
Ju 90 V-4)

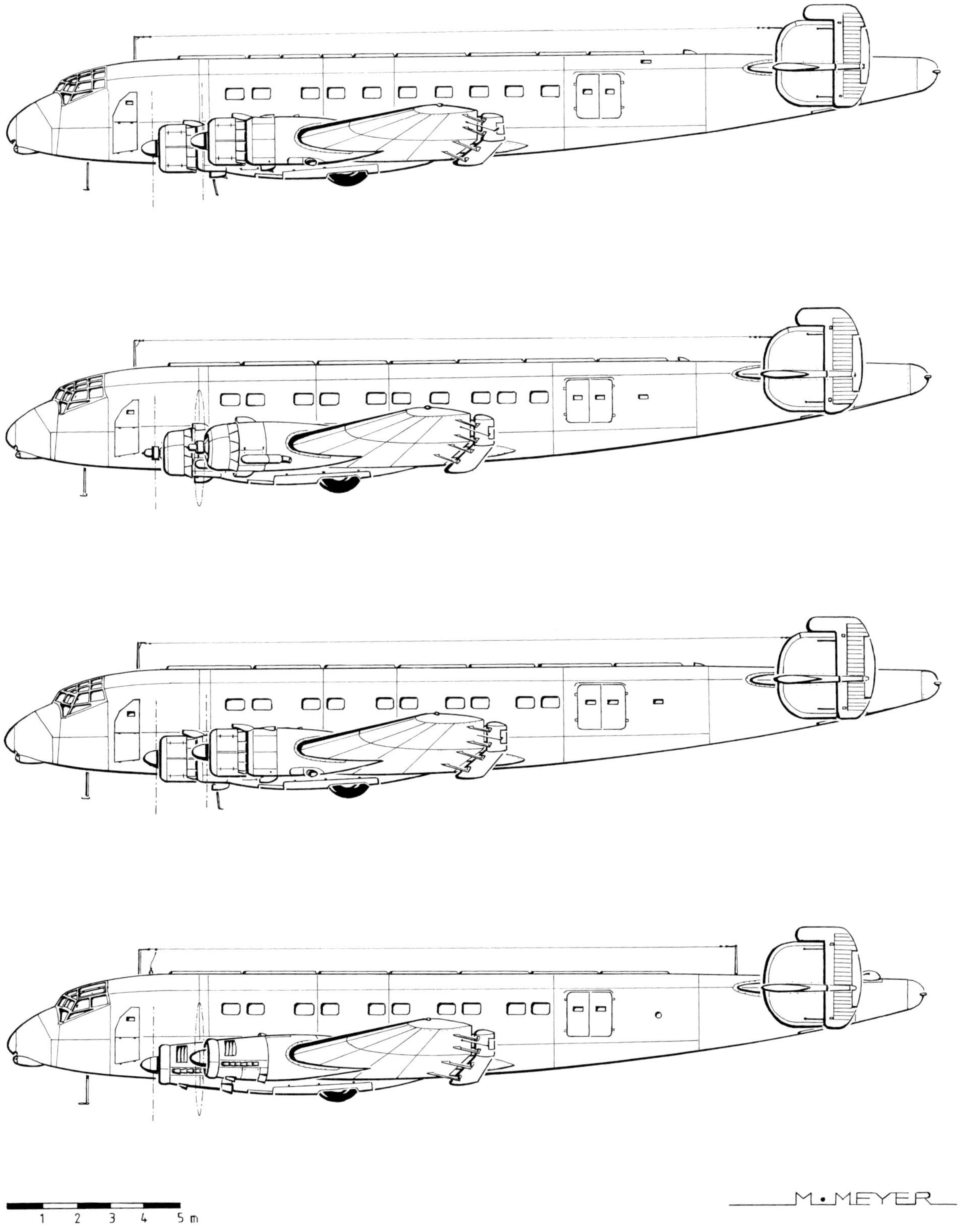

Ju 90 V-5 und V-6 – Nachfolgemuster der Kleinserie

Nachdem sich die Leistungen der installierten BMW-132H/1-Motoren für die Ju 90 als zu niedrig erwiesen hatten – weniger beim Start als in der Steigleistung unmittelbar nach dem Abheben –, wurden bei Junkers Überlegungen angestellt, sie durch stärkere zu ersetzen beziehungsweise ein völlig neues Nachfolgemuster zu entwickeln. Außerdem bestand seit Anfang 1939 die Forderung der Luftwaffe nach einem neuen Großraumtransportflugzeug, die durch den Bau von zwei V-Mustern zu realisieren war.

Diese Ju-90-Nachfolger V-5 und V-6, die unter Leitung von Entwicklungschef Professor Herbert Wagner projektiert wurden, waren im Vergleich zum vorangegangenen Typ in Wirklichkeit Neukonstruktionen, obwohl die Bezeichnung abermals Ju 90 lautete. Lediglich den Rumpf des Vorgängers hatte man fast unverändert übernommen.

Worin lagen die hauptsächlichen Unterschiede zu den bisherigen Ju-90-Versuchsmustern?

Die Betreuer der Versuchsabteilung an der Ju 90 V-5. Beachte das Meßgerät der Luftloganlage im Seitenfenster.
Fritz Müller 3. von rechts.
Foto: Sammlung Müller

- neue Triebwerke, für V-5 BMW 132M und für V-6 BMW 139
- Rumpf mit zehn kreisrunden Einzelfenstern
- neues Tragwerk (unter Beibehaltung der Spannweite) mit neuentwickelten Querrudern und Landeklappen, die nach dem Düsenspaltprinzip arbeiteten (Auftriebshilfe an Klappen und Querrudern, wobei durch den freigegebenen Spalt ein Teil der strömenden Luft von der Flügelunter- auf die Flügeloberseite geleitet wird)
- rechteckiges Tragflügel-Zwischenstück
- trapezförmiger Außenflügel, V-förmig angeschlossen
- neues Höhenleitwerk in rechteckiger Grundform und leichter V-Stellung
- neues Doppelseitenleitwerk mit elliptischen Endscheiben
- neues Fahrwerk mit zwei Laufrädern (1320 x 480), die nach dem Einziehen durch die Klappen völlig abgedeckt wurden

Das fünfte Versuchsmuster (Werk-Nummer 4917, D-ANBS) absolvierte unter Flugkapitän Walter Pretschner am 5. Dezember 1939 seinen Erstflug. Die Arbeiten an der V-5, bei denen ich zugegen war, befaßten sich hauptsächlich mit der Erprobung von Beeinflussungsmöglichkeiten der Grenzschicht am Flügel während des Landeanfluges, um kürzere Landestrecken zu erzielen. Dazu hatte man 1939 in Vorbereitung der Flugversuche einen Gebläse-Prüfstand mit Tragflügel-Attrappe zum Test einer speziell für die V-5 geschaffenen Absaug- und Ausblaseanlage gebaut und bis 1940 erprobt. Der Einbau dieses Gebläses in die V-5 erfolgte im ersten Halbjahr 1941 und war sehr aufwendig. Das Gebläsesystem zur Erhöhung des Auftriebs hatte zahlreiche Kanäle und Öffnungen im Tragflügel-Zwischenstück beziehungsweise am Außenflügel zum Ausblasen der Luft über den Landeklappen und zum Absaugen der Grenzschicht über den Querrudern. Der sich im Rumpf befindende Gebläsemotor stammte von

Diese Aufnahme von der abgestellten Ju 90 V-5 machte Fritz Müller in München-Riem während der Auftriebsversuche mit Gebläse im August 1941. Foto: Sammlung Müller

Obwohl das Fotografieren streng verboten war, drückte Fritz Müller bei einem der zahlreichen Erprobungsflüge der Ju 90 V-5 mit BMW 132 M auf den Auslöser. 1941. Foto: Sammlung Müller

Argus, und das Gebläse selbst kam von der Firma Česke Moravske Kolben-Danek aus Prag. Die Erprobungsflüge, die im Sommer 1941 anliefen und bei denen ich dabei war, wurden mit Flugkapitän Pancherz am Steuer und unter Leitung von Ingenieuren der Junkers-Versuchsgruppe geflogen. Sie verliefen insgesamt erfolgreich und bestätigten die Windkanalversuche des Dessauer Aerodynamikers Philipp von Doepp. Ich erinnere mich, daß es bei den Absaugeversuchen im August 1941 in München-Riem gelang, die Langsamflugeigenschaften der V-5 speziell im Landeanflug zu verbessern und die Landegeschwindigkeit von 125 km/h ohne Strömungsabriß auf etwa 90 km/h zu verringern sowie die Landestrecke bei einer Leermasse von 15 Tonnen von rund 900 Metern auf 700 Meter zu verkürzen. Die Erprobungen fanden deshalb auf einem Zivilflughafen statt, weil sämtliche militärischen Flugplätze wegen der notwendigen Ausbildung von Besatzungen für den Krieg keine freie Kapazität mehr hatten. Trotz der sehr guten Resultate stellte man jedoch 1941 die Versuche abrupt ein.

Sieben Monate nach der V-5 rollte die Ju 90 V-6 (Werk-Nummer 4918, D-AOKD) aus der Versuchsbauhalle und startete am 30. Juli 1940 unter Führung von Flugkapitän Hesselbach zum Erstflug. Durch den Einbau von 14-Zylinder-Doppelsternmotoren BMW 139 – Vorläufer des BMW 801 – erreichte die V-6 eine Höchstgeschwindigkeit von 455 km/h gegenüber 447 km/h bei der V-5. Sie wurde erstmals mit der sogenannten Transporterklappe (kurz Trapoklappe genannt) Tr-912/40 ausgerüstet. Diese in den Rumpfboden eingebaute Klappe war eine ein- und ausfahrbare Rampe, die das schnelle Be- und Entladen des Flugzeuges ermöglichte. Voll ausgefahren hob sie den Rumpf in die Waage, so daß schwere und sperrige Lasten gut verstaut werden konnten. Fahrzeuge fuhren mit eigener Kraft in den Laderaum, und Lasten zog man mit der Seilwinde hinein, wozu man einen DKW-Motor von rund 9 kW benutzte. Mit der V-6 testete man die Einfahrmöglichkeiten verschiedener Wehrmacht-Kfz (LKW, gepanzerte Fahrzeuge und Halbkettenfahrzeuge). Dazu fanden Beladeversuche an der Maschine statt, im Sommer 1941 aber auch an Attrappen an der Fallschirm-Schule 2 in Wittstock und in der Erprobungsstelle Rechlin. Das Öffnen der Trapoklappe im Fluge wurde im April und im Juni 1941 erfolgreich erprobt, und es konnten keine wesentlichen Störungen der Flugstabilität festgestellt werden. Abwurfversuche mit Lasten an Fallschirmen und Absprungversuche mit Fallschirmspringern über eine sogenannnte Fallschirmjäger-Rutsche wurden im August und im September 1941 ebenfalls in den oben genannten Standorten durchgeführt. Da ich als Werksbeauftragter mit dabei war, weiß ich, daß die Lastigkeitsänderungen beim Abwurf von schweren Lasten, wie zum Beispiel von Fallschirmbehältern von drei Tonnen Masse, mühelos durch Ruderausschläge ausgeglichen werden konnten. Das Abwerfen der Last über die geöffnete Trapoklappe erfolgte durch die Einwirkung der Schwerkraft oder mit dem Spillseil. Dagegen zeigten die Versuche der Fallschirmspringer mit der Rutsche keine befriedigenden Ergebnisse.

Für die V-6 ergab sich 1942 die Situation, daß die BMW-139-Motoren, von denen insgesamt nur wenige Versuchsmuster zum Einbau gekommen waren, auf Grund eines Herstellungs- und Entwicklungsstopps zugunsten der BMW 801 nicht mehr zur Verfügung standen. Die Maschine ging daher im selben Jahr ins Junkers-Zweigwerk Merseburg und wurde dort zerlegt, um den Rumpf für den Bau der Ju 390 V-1 zu verwenden.

Mit der V-5 flog ich im Februar 1943 an die Ostfront, und bald danach soll sie aus dem Verkehr gezogen und verschrottet worden sein.

Insgesamt gesehen haben die Versuchsmuster V-5 und V-6 mit dem neu entworfenen Tragflügel die Erwartungen, insbesondere in bezug auf ihre Flugeigenschaften, nicht erfüllt. Die wertvollen Erkenntnisse flossen in die Konstruktion der folgenden Ju 90 V-7 und V-8 in den Jahren 1941/42 ein. Die V-5 und die V-6 waren als Nachfolgemuster der Ju 90 geplant, wurden jedoch nicht mehr weiterentwickelt. Im Hinblick auf die Ju-290-Entwicklung bildeten sie allerdings eine notwendige Zwischenstufe.

Diese Nahaufnahme zeigt deutlich Details der V-5: Staurohr unter dem Bug, Rückspiegel für Schleppversuche mit der Fw 58 »Weihe« und Luftlogstange mit Windrad. Prüfer Müller im weißen Schutzanzug. Foto: Sammlung Müller

Demonstration des Fassungsvermögens der Ju 90 V-6. Der Verlademeister steht auf der Trapo-Klappe. Foto: Sammlung Müller

Ju 90 V-6 mit Motoren vom Typ BMW 139 während der Erprobung des Lastenabwurfs in Wittstock. Sommer 1941. Foto: Sammlung Müller

Ju 90 V-7 und V-8 – der Übergang zur Ju 290

Obwohl die V-7 und die V-8 ihren Ursprung im zeitlich und inhaltlich gleichen Bauauftrag wie die V-5 und die V-6 hatten, unterschieden sie sich konstruktiv grundlegend von ihren Vorgängern und waren völlige Neukonstruktionen. Auffallend war die lange Zeitspanne, die Konstruktion und Bau beider Maschinen ab 1939 beanspruchten, ehe sie aus der Versuchsbauhalle rollten.

Folgende Faktoren beeinflußten die Entwicklung und die Fertigung maßgeblich:

1. Die Konstruktion lag in den Händen des neuen Entwicklungschefs und Nachfolgers von Professor Wagner, Professor Heinrich Hertel. Außerdem wurde die Prager Zweigstelle der Firma Junkers A.G. mit Diplomingenieur Heinz Kraft in die Entwicklung einbezogen.
2. Als Antrieb für die V-7/V-8 wurde der leistungsstarke Motor BMW 801A konzipiert, der allerdings erst 1941 seine volle Tauglichkeit erreichte. Das ermöglichte es, ein Großraumtransportflugzeug mit größerer Geschwindigkeit, größeren Abmessungen und höherer Tragfähigkeit als alle bisherigen Muster vom Typ Ju 90 zu entwickeln.
3. Die Erprobungen mit der V-5/V-6 brachten Erfahrungen, die zu grundlegenden konstruktiven Veränderungen zwangen.
4. Die vorgesehene Bewaffnung erforderte für die V-7/V-8 die Konstruktion von B-, C-, F- und Heckständen.

Die konstruktiven Änderungen der V-7/V-8 gegenüber der V-5/V-6 bestanden in folgendem:

Ju 90 V-7 bei Klarmachen zum Start. Dessau, September 1941. Foto: Sammlung Griehl

Ju 90 V-7 mit ausgefahrener Trapo-Klappe. Oktober 1941. Foto: Sammlung Müller

Abwurf eines Fallschirm-Lastenbehälters über die geöffnete Trapo-Klappe der V-7. Foto: Deutsches Museum München

Je drei MG waren beiderseits des Rumpfes in Fensterlafetten der Ju 90 V-7 arretiert. Foto: Sammlung Petrick

Ju 90 V-7 vor der Versuchsbau-Halle. Dritter von links: Fritz Müller mit Fahrrad. September 1941. Foto: Sammlung Müller

Beladeübung an der Ju 90 V-7.
Foto: Deutsches Museum München

Verladung eines Motors BMW 801 im Rumpf der V-7. Oktober 1941. Foto: Sammlung Petrick

Ju 90 V-7:

- Vergrößerung der Spannweite des Tragflügels, Verlängerung und Neukonstruktion des Außenflügels mit verringerter Profildicke und Verstärkung des Flügel-Zwischenstücks
- Verlängerung und Verstärkung des Rumpfes mit Einbau der großen Trapoklappe Tr-912a
- Neukonstruktion der Fahrwerksklappen, Veränderungen am Fahrwerk
- Neukonstruktion des Radsporns als halbeinziehbarer Notsporn
- Konstruktion und Anbau von Schleppkupplungen sowie Rückspiegel für den Einsatz als Schlepper
- Neukonstruktion von Waffenständen

Ju 90 V-8, zusätzlich:

- Konstruktion von Querrudern, die über die ganze Spannweite des Außenflügels angeordnet waren
- Neukonstruktion eines vergrößerten Höhenleitwerkes
- Neukonstruktion der Bodenwanne des C-Standes

(Hier wurde kein Rückspiegel und keine Schleppkupplung installiert).
Die Ju 90 V-7 (Werk-Nummer 4919, GF+GH) führte ihren Einflug am 6. September 1941 unter Flugkapitän Pancherz durch. Im folgenden eine Übersicht der Erprobungsflüge mit dieser Maschine, bei denen ich als Prüfer die Aufsicht hatte:

06. 09.: Einflug
08. 09.–16. 09.: Erprobungsflüge im Raum Dessau
ab 16. 09.: Anbau von Schleppkupplungen/Rückspiegel sowie von Dämpfungsflächen am Leitwerk (notwendig beim Abwurf von Lasten über die geöffnete Trapoklappe)
21. 10.–23. 10.: Belade- und Lastenabwurfversuche bei der Erprobungsstelle Rechlin/Flugplatz Lärz
26. 10.–30. 10.: Erprobungsflüge mit Me 321 im Schlepp in Oberstraubing und Leipheim
03. 11.–29. 11.: Erprobungsflüge zur Luft-

Ju 90 V-7 zur Fronterprobung im Mittelmeerraum. November 1941. Foto: Sammlung Müller

Die V-7 erhielt in Auswertung der Einsätze im Mittelmeerraum eine Abwehrbewaffnung, hier der Heckstand mit Lafette HL 15 VE und 7,9-mm-MG 15. Ende Dezember 1941. Interessant das durch die ausgefahrene Trapo-Klappe frei hängende Heckfahrwerk. Foto: Sammlung Müller

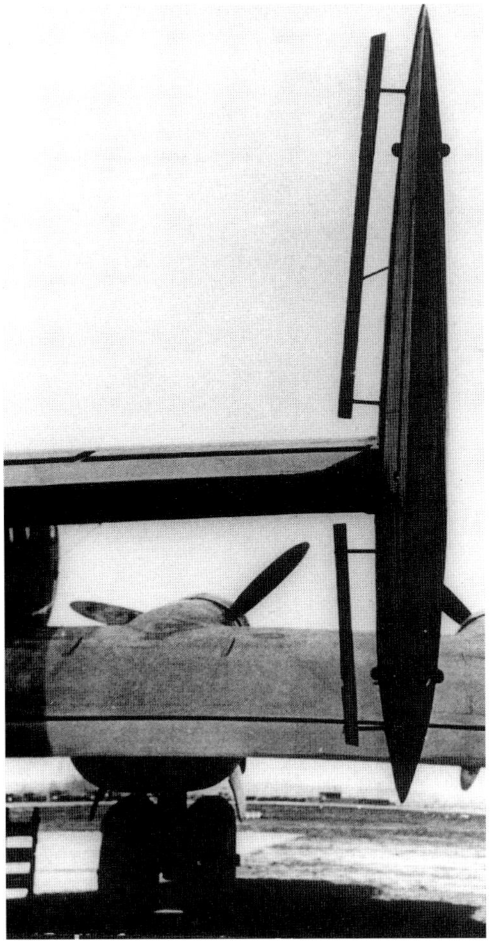

Dämpfungsflächen am Leitwerk der Ju 90 V-7 verhinderten sein Flattern bei im Fluge ausgefahrener Trapo-Klappe. Foto: Sammlung Müller

Ju 90 V-7 auf dem Werksgelände nach der Ausrüstung mit Bordwaffen. Winter 1941/42. Foto: Deutsches Museum München

versorgung der Truppen im südöstlichen und im Mittelmeerraum (Wien, Prag, Budapest, Athen-Tatoi, Benina/Afrika)
Anfang Dezember: Einbau der Waffenstände
09. 12.: BAL-Flug und Übernahme durch die Luftwaffe

Am 28. März 1942 flog die Ju 90 V-8 (Werk-Nummer 4920, DJ+DY) erstmals, wiederum mit Flugkapitän Pancherz am Steuer. In der konstruktiven Gestaltung glich sie der V-7 bis auf die oben beschriebenen Unterschiede. Sie wurde aber erst im Januar 1943 von der Luftwaffe übernommen.
Beide Versuchsmuster waren im zweiten Halbjahr 1942 bei der Savoia-Staffel in Süditalien zur Luftversorgung der Truppe in Nordafrika im Einsatz. Diese Staffel war im Februar 1942 im süditalienischen Brindisi aufgestellt und mit Transportflugzeugen Savoia-Marchetti S.M.82 ausgerüstet worden. Sie flog unter Staffelkapitän Oberleutnant Helmut Schwarz zuerst von Lecce aus und war dann in Castel Vetrano und Grosseto zur Luftversorgung des Afrikakorps stationiert. General a. D. Schwarz lebt heute in Landsberg am Lech. Zusammenfassend ist zu sagen, daß die Ju 90 V-7 und die V-8 aus heutiger Sicht als Übergangsmuster zur Ju 290 anzusehen sind, die konstruktiv schon weitgehend dem Konzept des Musterflugzeuges Ju 290 V-1 entsprachen.

Ju 290 V-1 und die Serie Ju 290 A

Unter Berücksichtigung der jüngsten Erfahrungen und Änderungen an der V-7 und der V-8 baute die Firma Junkers im ersten Halbjahr 1942 den Großraumtransporter Ju 290 V-1. Durch Übernahme der Baugruppen des Rumpf-, des Trag- und des Höhenleitwerkes der V-8, durch Einbau eines neuen Fahrwerkes, eines vergrößerten Seitenleitwerkes mit trapezförmiger Grundfläche und eines neuen, halbkugelig verglasten sogenannten Einheitsführerstandes hatte man ein viermotoriges modernes Flugzeug mit ausgezeichneten Flugeigenschaften geschaffen. Das bestätigten Werkpilot Pancherz nach dem Erstflug der V-1 am 16. Juli 1942 und Flugkapitän Walter Hänig, der im November 1942 mit der Ju 290 V-1 in der Savoia-Staffel in Lecce/Süditalien flog, und bei der auch ich eingesetzt war, um als Betreuer die Nachschubversorgung des Afrikakorps sicherzustellen.

Die zunehmenden Versorgungsschwierigkeiten, die im Rußland- und im Afrikafeldzug auftraten, setzten 1942 die Forderung nach mehr Großraumtransportern auf die Tagesordnung. Im zweiten Halbjahr 1942 lief die Serienproduktion dieses vorzüglichen Transporters mit der Version Ju 290 A-1 an. Zellenseitig entsprach sie der Ju 290 V-1, und im Verlauf der Fertigung gab es keine grundlegenden Änderungen an der Zelle. Die Baureihe A-1 war die einzige, und es wurden nur die Werk-Nummern 110151 bis 110154 sowie

Rumpf einer A-8 bei der Endmontage in Prag.
Foto: Sammlung Petrick

Die Ju 290 V-1 auf dem Dessauer Flugfeld, noch ohne Bewaffnung. Sommer 1942.
Foto: Deutsches Museum München

110156 als Transporter-Version gebaut, also fünf Exemplare, bei denen die Trapoklappe mit der dazugehörenden Ausrüstung installiert war. Alle anderen hatten zwar die Klappe, jedoch ohne Antrieb mit Gelenkwelle zum Ausfahren.
Die weiteren Baureihen unterschieden sich nur durch geringfügige Änderungen, hauptsächlich in bezug auf Bewaffnung, Funkmeßausrüstung, Kraft- und Schmierstoffanlagen sowie durch die spezielle Ausrüstung. Von 1942 bis 1946 wurden insgesamt 47 Ju 290 A und zwei Bruchzellen fertiggestellt.
Interessant ist dabei, daß eine Ju 290 A-8 bei der Prager Firma Letov durch tschechische Junkers-Spezialisten gebaut und nach dem Krieg als L-290 Orel (Adler) fertiggestellt wurde. Obwohl ich damit nichts zu tun hatte, gehören doch der Vollständigkeit halber einige Informationen über dieses größte je in der Tschechoslowakei gebaute Flugzeug in dieses Buch. Die L-290 war das einzige Verkehrsflugzeug der Baureihe Ju 290 und wurde aus Teilen montiert, die aus verschiedenen Werken kamen: Die Tragflächen stammten aus dem Letov-Werk III, die Motoren BMW 801D von der Produktion der Fw 190, und der Rumpf befand sich gegen Kriegsende in der Endmontage in Prag-Letnany. Die Orel startete am 1. August 1946 in Letnany zum Erstflug und war mit sechs Mann Besatzung als Verkehrsflugzeug für 40 bis 48 Fluggäste vorgesehen. Sie erhielt jedoch keine Verkehrszulassung, wurde dann abgestellt und 1956 verschrottet. Teile, wie der Rumpf und das Fahrwerk, wanderten ins Technische Museum in Prag, wobei der Rumpf später wegen Platzmangels ebenfalls verschrottet wurde.
1991 fand im ehemaligen Hamburger Bahnhof in Berlin die Ausstellung »100 Jahre Menschenflug – Traum und Trauma der deutschen Luftfahrt« statt, wo als Leihgabe aus Prag ein komplettes Fahrwerksbein der L-290 gezeigt wurde. Ich konnte mich beim Betrachten dieser Baugruppe einer gewissen Rührung nicht erwehren, kannte ich doch jedes Schräubchen daran.

Bau-Übersicht Ju 290 A, 1942 bis 1946

Anzahl	Baumuster	Verwendung	Werk-Nummern	Bemerkungen
1	Ju 290 V-1	Versuchsflugzeug	290000001	
1	Ju 290 A-1	Bruchzelle	290110155	Festigkeitsversuche in Prag
8	Ju 290 A-1	bewaffnete Transporter	290110151 bis 290110154, 290110156 bis 290110159	157, 158 und 159 wurden später auf Standard der A-2 umgerüstet
5	Ju 290 A-3	Marine-Fernaufklärer	290110160 bis 290110164	Einheitsbodenwanne, Motoren BMW 801L, ab Nr. 163 BMW 801D
5	Ju 290 A-4	Fernaufklärer	290110165 bis 290110169	165 später auf A-7 umgerüstet. Mustereinbau Bugkanzel, Funklenkgerät FuG 203e für Gleitbomben, drei Abwurfanlagen ETC 2000 für Fritz X oder Hs 293
11	Ju 290 A-5	Fernaufklärer und Trägerflugzeug für Flugkörper	290110170 bis 290110180	Nr. 178 als Verkehrsflugzeug der DLH auf der Strecke K 22 (Spanien–Portugal)
13	Ju 290 A-7	Fernaufklärer und Trägerflugzeug für Flugkörper	290110181 290110184, 290110186 bis 290110196	zusätzlich zwei Bildgeräte, Nr. 184 nachträglich als Mustermaschine für das Fernkampfflugzeug Ju 290 B-1umgebaut
1	Ju 290 A-8	Fernkampfflugzeug	290110212	Rumpf im Mai 1945 in Prag in der Endmontage. Bei Letov als Verkehrsflugzeug L-290 »Orel« fertiggestellt. Erstflug: 1. August 1946
1	Ju 290 A-8	Bruchzelle	290110213	Festigkeitsversuche in Prag
3	Ju 290 A-9	Fernaufklärer	290110182 290110183 290110185	

Ju 290 A-2, 9V+AH, im Fluge. Herbst 1943.
Foto: Sammlung Petrick

Ju 290 A-5, KR+LA, während der Werkserprobung. Foto: Deutsches Museum München

Folgende Doppelseite:

Tafel III
(Ju 90 V-6; Ju 90 V-7)

- Seitenansicht (links oben) mit Draufsicht (links darunter) zeigen die Ju 90 V-6 (Werknummer 4918) mit BMW-139-Triebwerken
- kombinierte Unteransicht/Draufsicht (rechts), Voderansicht (darunter) und Seitenansicht (darunter links) zeigen Ju 90 V-7 (Werknummer 4919) mit BMW-801-Triebwerken
- Seitenansicht (rechts unten) zeigt Ju 90 V-7 (Werknummer 4919) mit später nachgerüsteter Bewaffnung

Tafel IV
(Ju 290 V-1; Ju 290 A-1;
Ju 290 A-4/A-5; Ju 290 A-7)

- Seitenansicht (oben) zeigt Ju 290 V-1 (unbewaffnet)
- Seitenansicht (darunter) zeigt Ju 290 A-1 als bewaffneter Transporter
- Seitenansicht (darunter), Draufsicht (rechts) und Vorderansicht (ganz unten) zeigen die Ju 290 A-4/A-5 als Fernaufklärer Heckstand und Leitwerk in Seitenansicht entspricht A-1
- Seitenansicht (unten links) zeigt Ju 290 A-7 als Fernaufklärer und Flugkörperträgerflugzeug, hier dargestellt mit Lenkwaffe Hs 293 an einen ETC 2000 unter dem Triebwerk Nr. 1. Heckstand und Leitwerk entsprechen der A-1

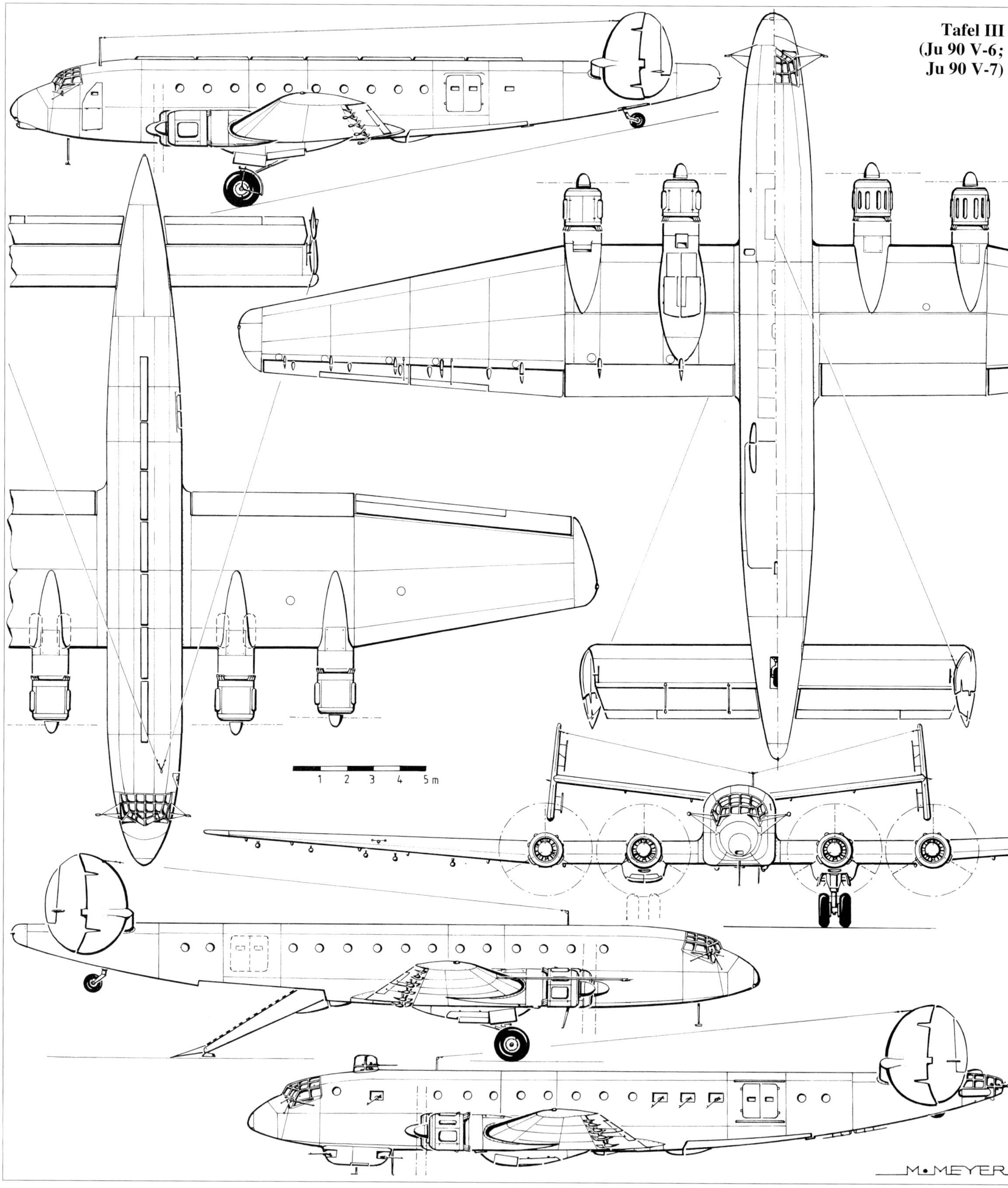
Tafel III
(Ju 90 V-6;
Ju 90 V-7)
1 2 3 4 5 m
M.MEYER

Tafel IV
(Ju 290 V-1; Ju 290 A-1;
Ju 290 A-4/A-5; Ju 290 A-7)

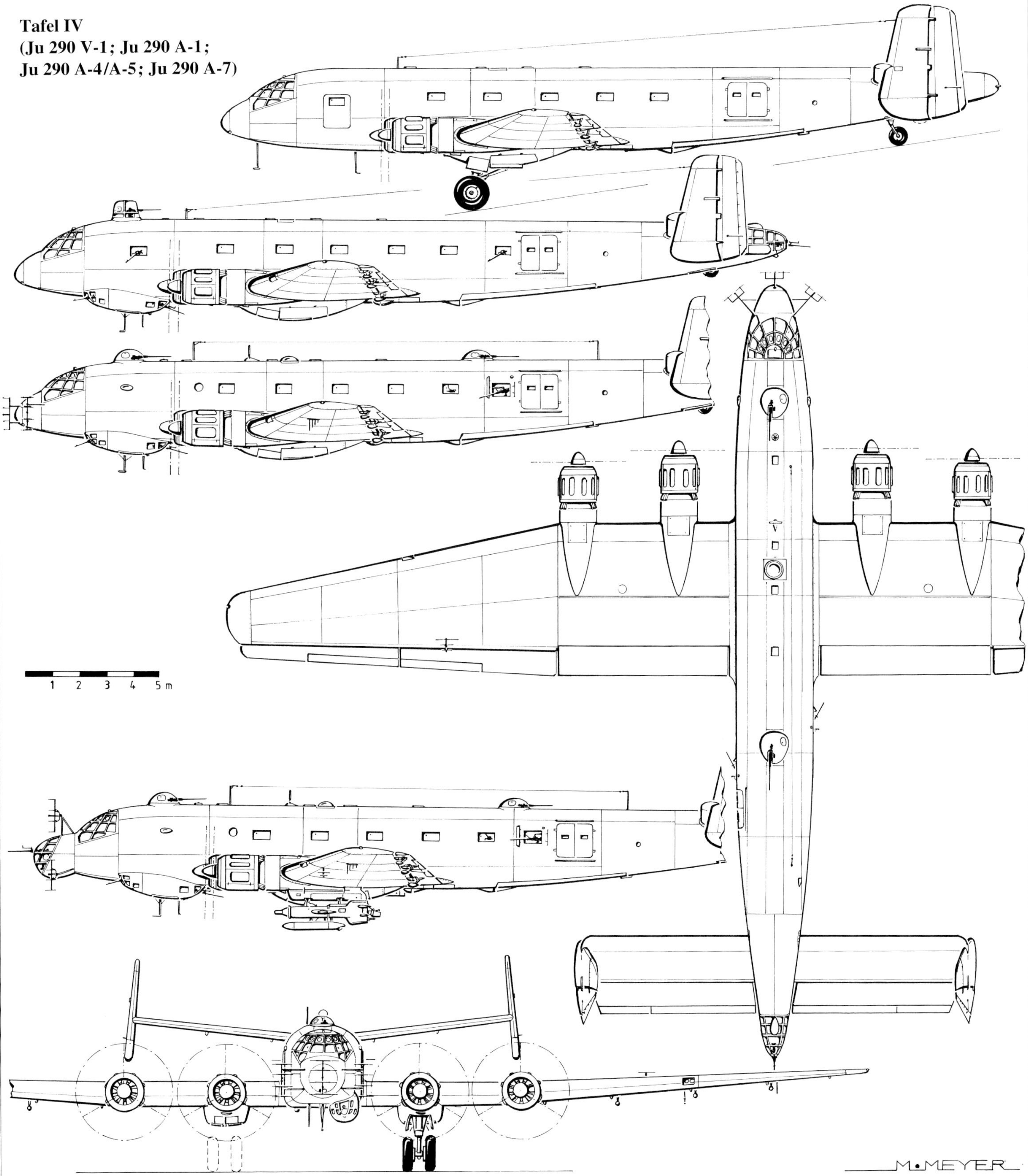

Ju 90, »Mammut« und »Gigant«

Im April 1942 führte mich ein Dienstauftrag zum Fliegerhorst Leipheim, um einen Befundbericht zu erarbeiten. Dort hatte man die Ju 90/002 als Schleppmaschine für den Großlastensegler Messerschmitt Me 321 »Gigant« eingesetzt, und beide Fluggeräte waren beim Start kollidiert. Bei dieser Gelegenheit bekam ich erstmals den Lastensegler zu sehen, der seinerzeit streng geheim war. Die Leistungen der /002, die mit amerikanischen Motoren bestückt war, übertrafen die der anderen Ju 90 aus der Kleinserie, und sie hatte sich wie die Ju 90 V-7 als Schleppmaschine bewährt.

Großraumlastensegler waren mir zu diesem Zeitpunkt keine Unbekannten mehr. Im April 1941 lernte ich durch den Einsatz der Ju 90/002 als Schleppflugzeug auch den Junkers-Lastensegler Ju 322 »Mammut« kennen. Die Ju 322 V-1 war im – scherzhaft »Junkers-Bastelbude« genannten – Hangar des Fliegerhorstes Merseburg gebaut worden. Diese gewaltige Tiefdecker-Konstruktion in Holzbauweise hatte eine Spannweite von über 60 Metern. Der »Mammut« war für den Start mit einem Wagen auf Rädern und für die Landung mit Kufen ausgestattet worden, doch zeigte er sich beim Erstflug als nicht flugfähig: Im Schlepp hinter der Ju 90/002 gelang beim Startversuch lediglich ein kurzes Anheben mit starken Pendelbewegungen, so daß der Segler vorzeitig ausgeklinkt werden mußte. Er erwies sich als zu schwer und gleichzeitig instabil um die Hochachse. Die Ju 322, die für den Transport von 100 Soldaten vorgesehen war, hätte lediglich in leerem Zustand bei Verbesserung der Stabilität geschleppt werden können. Deshalb wurde auf die weitere konstruktive Entwicklung verzichtet, das »Mammut«-Programm eingestellt und die bereits angelaufene Teileproduktion gestoppt.

Die Ju 90 V-7 setzte im Oktober 1941 die ersten Schleppversuche der Ju 90/002 vom Sommer 1941 fort.
Foto: Sammlung Petrick

Blick aus einer geschleppten Ju 52 auf die Ju 90/002. Vorversuch für den Schlepp der Me 321. Februar 1942. Foto: Sammlung Müller

Dagegen war der »Gigant« im April 1942 bereits in Serie. Mit einer Spannweite von mehr als 50 Metern machte auch er seinem Namen alle Ehre und beeindruckte mich sehr. Für den Start im Schlepp hatte er ein abwerfbares Fahrgestell auf Ju-90-Ballonrädern und zur Starthilfe Raketen-Starthilfsgeräte unter den Tragflächen; später wurde er eigenstartfähig motorisiert.

Am 25. April 1942 betrachtete ich in Leipheim die beiden arg beschädigten Maschinen, die seinerzeit mit zu den größten Landflugzeugen der Welt zählten. Den »Gigant« hatte ich, wie man mir riet, schnell zu vergessen und nur die /002 im Schadensumfang zu beurteilen. Meine Vorschläge zur schnellen Instandsetzung – die übrigens berücksichtigt wurden – habe ich in meinem Bericht vom 30. April 1942 festgehalten, der die Havarie noch einmal eingehend schildert.

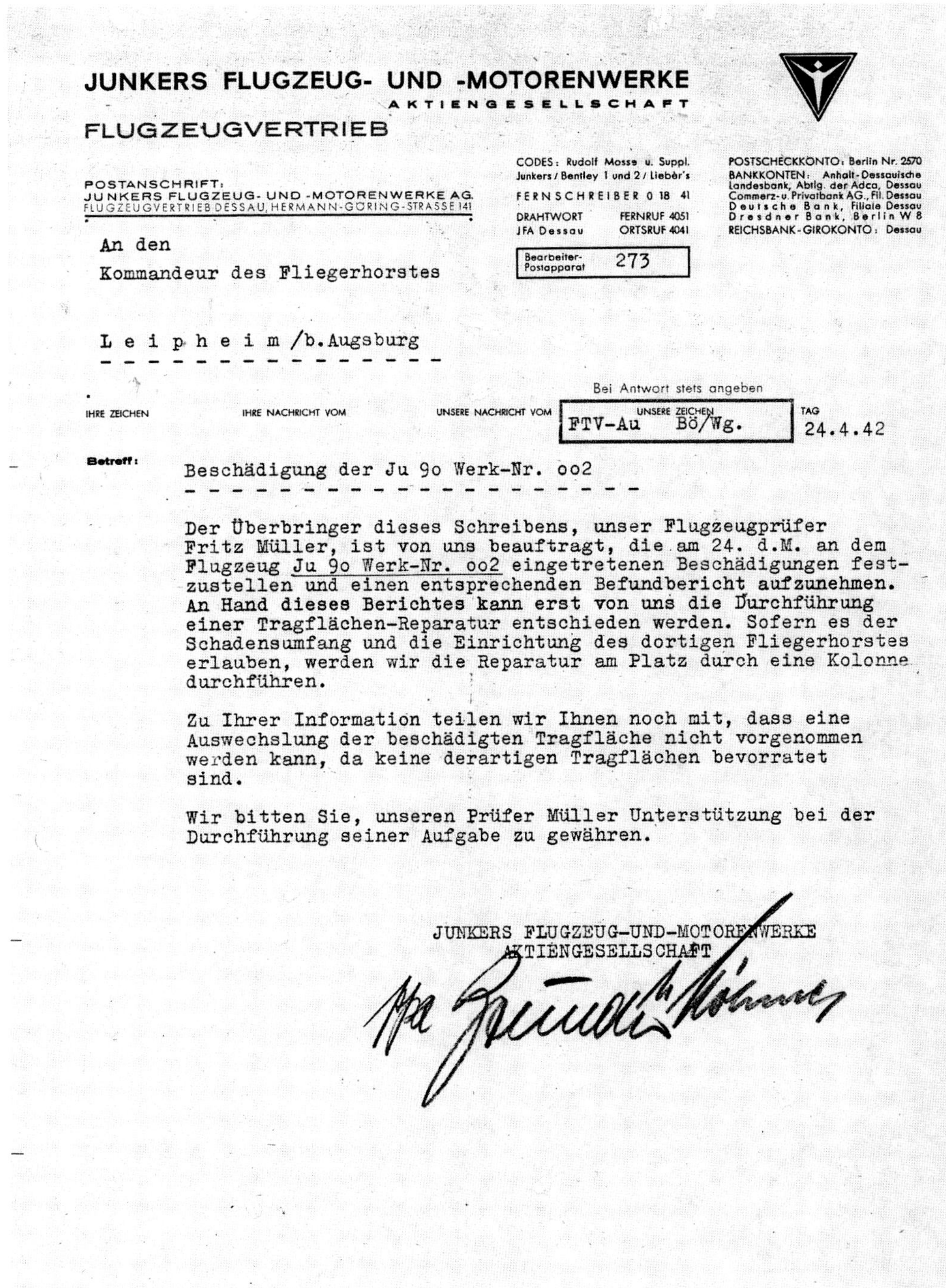

JUNKERS FLUGZEUG- UND -MOTORENWERKE
AKTIENGESELLSCHAFT
FLUGZEUGVERTRIEB

POSTANSCHRIFT:
JUNKERS FLUGZEUG- UND -MOTORENWERKE AG.
FLUGZEUGVERTRIEB DESSAU, HERMANN-GÖRING-STRASSE 141

CODES: Rudolf Mosse u. Suppl. Junkers / Bentley 1 und 2 / Liebèr's
FERNSCHREIBER 0 18 41
DRAHTWORT JFA Dessau
FERNRUF 4051
ORTSRUF 4041

POSTSCHECKKONTO: Berlin Nr. 2570
BANKKONTEN: Anhalt-Dessauische Landesbank, Abtlg. der Adca, Dessau
Commerz- u. Privatbank AG., Fil. Dessau
Deutsche Bank, Filiale Dessau
Dresdner Bank, Berlin W 8
REICHSBANK-GIROKONTO: Dessau

Bearbeiter-Postapparat 273

An den
Kommandeur des Fliegerhorstes

L e i p h e i m /b.Augsburg

Bei Antwort stets angeben

IHRE ZEICHEN — IHRE NACHRICHT VOM — UNSERE NACHRICHT VOM — UNSERE ZEICHEN FTV-Au Bö/Wg. — TAG 24.4.42

Betreff: Beschädigung der Ju 9o Werk-Nr. oo2

Der Überbringer dieses Schreibens, unser Flugzeugprüfer Fritz Müller, ist von uns beauftragt, die am 24. d.M. an dem Flugzeug Ju 9o Werk-Nr. oo2 eingetretenen Beschädigungen festzustellen und einen entsprechenden Befundbericht aufzunehmen. An Hand dieses Berichtes kann erst von uns die Durchführung einer Tragflächen-Reparatur entschieden werden. Sofern es der Schadensumfang und die Einrichtung des dortigen Fliegerhorstes erlauben, werden wir die Reparatur am Platz durch eine Kolonne durchführen.

Zu Ihrer Information teilen wir Ihnen noch mit, dass eine Auswechslung der beschädigten Tragfläche nicht vorgenommen werden kann, da keine derartigen Tragflächen bevorratet sind.

Wir bitten Sie, unseren Prüfer Müller Unterstützung bei der Durchführung seiner Aufgabe zu gewähren.

JUNKERS FLUGZEUG-UND-MOTORENWERKE
AKTIENGESELLSCHAFT

R 1429/4

GiFSD-Fertigungsprüfung
Fp.-Flugbetriebsprüfung
Ruf: 219

Dessau, den 30. 4. 1942
/Pan.

Verteiler:
FTV
Feprü-Leitung/TWL z. K.
Feprü-Baumuster
Feprü-II

Reisebericht!
des Flugzeugprüfers Müller
vom 24. 4. bis 29. 4. 42
nach Leipheim/a. D.

Reisegrund: Bruch der **Ju 90-0002** auf dem Flugplatz in Leipheim.

Der Vorgang des Unfalles wurde von der Besatzung Herrn Hptm. Gymnich und Bordwart Heerling dargestellt.

Am 24. 4. 1942 um 16^{00} Uhr startete das Flugzeug **Ju 90-0002** mit einem Giganten der Messerschmittwerke in Leipheim zu einem Überführungsflug nach dem Westen. Beim Start fiel plötzlich nach voller Ladeleistung die Drehzahl vom Motor II ab, worauf der Flugzeugführer sofort den Giganten ausklinkte. Die Motoren wurden sofort auf Leerlauf zurückgenommen, plötzlich lief der Motor II auf hohe Leistung, wodurch das Flugzeug eine starke Rechtsdrehung machte. Der Gigant, welcher ohne Bremsen ausgerüstet ist, lief in die rechte Tragfläche der Ju 90. Die linke Tf.-Abstützstrebe des Giganten schob sich zwischen Träger 2 und 3 bis zum V. Q.[1]) 4 der Ju 90. Hierbei wurde das Triebwerk IV von dem Führerraum des Giganten stark nach innen gedrückt.

Grund des Ausbrechens der Ju 90 war der Bruch eines Bedienhebels für N. G.[2]) im Welleneinbau am Motor II.

Es wurden folgende Schäden verursacht:

1. Tf. I[3]) rechts wurde zu 80% Schrott.
2. Tf. III ist zwischen Q. V. VIII[4]) und E-Spt.[5]) beschädigt. (rep.)
3. Stirnkappe des Tf. ist zwischen Q. V. III und IV stark eingeknickt und zeigt auf der ganzen Länge Falten. (Schrott).

4. Am Triebwerk Motor IV wurden die Zyl. 5[6]) und 7 an Schwinghebeldecke und Stößelstangengehäuse beschädigt.
5. Triebwerksverkleidung 20% Schrott.
6. Spreizklappenring ist verformt.
7. Motorgerüststreben sind gebrochen.
8. Am Triebwerk-Zwischengerüst ist die obere und untere V-Strebe[7]) gebrochen und das gesamte Gerüst stark verformt.
9. Schmierstoff-Behälter ist verbeult.
10. Die Luftschraube vom Motor IV hat an der Vorderkante Scharten und ist leicht verformt.
11. Kurbelwelle ist auf Schlag zu prüfen.
12. Luftschraube vom Motor III ist an der Vorderkante beschädigt.

Die Reparatur ist infolge des großen Schadens-Umfanges nur im Herstellerwerk möglich. Nach Rücksprache mit der Werftleitung der MTT-Werke/ H. Spiess, steht für Reparatur-Zwecke keine Halle zur Verfügung. Ferner sind keine geeigneten Maschinen zum Nacharbeiten von Blechteilen (Einziehmaschinen, Profilwalzen, Abkantbänke) vorhanden. Veredlungsbäder für Nieten fehlen. Die Transportmöglichkeiten der beschädigten Teile von der Maschine sind günstig, da der Eisenbahnanschluß sowie Verladerampe ca. 300 Meter von dem Flugplatz entfernt sind.

Wie uns weiter bekannt wurde, brach am Motor I der gleiche Hebel für Normalgas einige Tage zuvor, worauf die Hebel der anderen Motoren von dem Bordwart auf einwandfreien Zustand geprüft und in Ordnung befunden wurden.

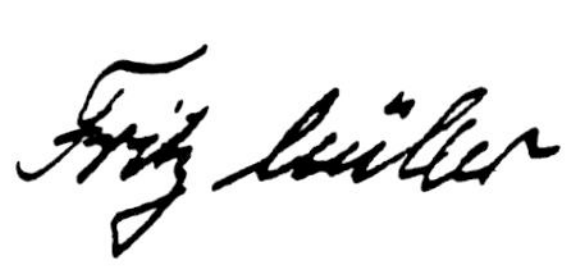

1) V. Q. – Voderer Querverband
2) N G. – Normalgas
3) Tf. – Tragflügel
4) Q. V. – Querverband
5) E-Spt. – Endspant
6) Zyl. – Zylinder
7) V-Strebe – Verbindungsstrebe

Mit der Ju 90 V-8 an der Front in Nordafrika

Ende 1942 deutete sich im Kriegsverlauf für Deutschland eine Wende an: Im Osten fand die kriegsentscheidende Schlacht bei Stalingrad statt, und auch in Nordafrika befanden sich die deutschen Truppen auf dem Rückzug. Im Oktober 1942 ging die 8. britische Armee unter General Montgomery vor El-Alamein (ca. 300 Kilometer westlich von Kairo) zur Gegenoffensive über. Im Verlauf erbitterter Kämpfe durchbrach sie Anfang November die deutsch-italienischen Stellungen und trieb die Heeresgruppe Afrika unter Generalfeldmarschall Rommel nach Libyen zurück. Gleichzeitig landeten britisch-amerikanische Streitkräfte unter dem Befehl von General Eisenhower bei Algier und Oran, und die in diesem Raum stehenden französischen Truppen unter General Giraud schlossen sich den Alliierten an. Daraufhin besetzten am 10. November deutsche Luftlandetruppen Tunis und Bizerte und drängten vor, um eine Verbindung mit den in der Mareth-Stellung stehenden Deutschen und Italienern herzustellen. Die libyschen Städte Tripolis und Derna waren noch in deutscher Hand, und über deren Flugplätze wurde die Luftversorgung des Afrikakorps von Süditalien aus sichergestellt.

Die Ju 90 V-8 mit dem Staffelemblem der Savoia-Staffel am Bug bei Wartungseinsätzen in Lecce. November 1942.
Foto: Sammlung Müller

Durch die großen Entfernungen der Kriegsschauplätze wurde die Nachschubfrage zum entscheidenden Problem für den weiteren Verlauf der Auseinandersetzungen. Großraumtransporter in der Größe der Ju 290, die das Vierfache der Transportkapazität einer Ju 52 und das Zweieinhalbfache der Focke Wulf Fw 200 befördern konnten, gab es lediglich als Versuchsmuster. Die Serienproduktion der Ju 290 A-1 war trotz nicht abgeschlossener Erprobung angelaufen, doch ungeachtet dessen unternahm man im Reichsluftfahrtministerium Anstrengungen, um den Bau des Ferntransporters zu stoppen und das Muster in einen Fernaufklärer umzufunktionieren.

Im Flugzeug-Stammwerk Dessau war man auf Grund der unzureichenden Erprobung des Ferntransporters stark daran interessiert, die Einsatzerfahrungen von den Kriegsschauplätzen schnell in die Serienfertigung einfließen zu lassen. Eine wertvolle Erfahrungsquelle war die Ju 90 V-8, die als Werksmaschine im Bestand der Savoia-Staffel des Oberleutnants Schwarz seit dem 28. Juli 1942 vom italienischen Lecce aus gemeinsam mit den Ju 52- und den Fw 200-Staffeln Nachschubeinsätze nach Nordafrika flog.

Flugkapitän Eduard Dautzenberg von der Junkers-Flugversuchsgruppe überließ mir seinen Erfahrungsbericht über den Einsatz der V-8 im Mittelmeerraum vom 4. November 1942, um mir eine Orientierung für meinen damals bevorstehenden Italien-Einsatz zu geben. In ihm wird das Problem des Fronteinsatzes von Versuchsmustern bei der Luftversorgung des deutschen Afrikakorps deutlich.

Fw 200 der Condor-Staffel gaben der Ju 90 V-8 (Tragfläche links) der Savoia-Staffel Feuerschutz beim Flug nach Nordafrika. Foto: Sammlung Müller

Abschrift/Feprü-Bor./20. 11. 42

FTV-Au Wg. Dessau, den 10. 11. 1942

Eduard Dautzenberg
Flugkapitän

Lecce, den 4. 11. 42
Feldpostnr. L30507 S
Luftgaupostamt München 2

An die Junkers Flugzeug- und Motorenwerke, Dessau

Sehr geehrter Herr Kindermann!

Infolge der immer wieder vorkommenden Motorausfälle an der Ju 90 V-8 sehe ich mich gezwungen, Ihnen kurz eine Schilderung zu geben über den Verlauf des ersten Teiles des zweiten Einsatzes. Abgesehen von den schönen an uns gerichteten Fernschreiben, in denen uns mitgeteilt wird, daß man z. B. bei offener Laderampe möglichst überhaupt keine Ruderbetätigung machen, immer schön langsam fliegen, Böen vermeiden, keine steilen Kurven fliegen, Motorvorbaubolzen auswechseln, nicht über 290 km/h Staudruck fliegen, auf Flächenrisse sehen, auf ausgerissene Nieten achten soll usw., usw., macht uns die V-8 das Leben nicht leicht. Am 11. 10. 42 landeten wir in Lecce und der darauffolgende Montag wurde zur Einrichtung der Besatzung und zum Einsatzklarmachen an der V-8 genutzt. Am 13. 10. 42 war der erste Einsatz.

13. 10. 42 Lecce–Derna 08.30–11.58
ca. 38 tons
Derna–Lecce 14.00–18.06
ca. 35 tons

Bei diesem Flug war das denkbar schlechteste Wetter. Im Ganzen gesehen ist die V-8 an diesem Tage als einzige Maschine von Italien nach Afrika geflogen. Abgesehen von kleinen Strecken über Wasser fast aufliegende Wolken mit Anheben und Auflockerung nach der italienischen Küste hin. In großen Schauern und Fronten die durchflogen werden mußten, liefen alle 4 Motoren sehr unruhig und schüttelten; liefen aber sofort wieder ruhig als der gröbste Regen vorbei war. Nach viermaligem Einsatz landeten wir glatt in Lecce. Gerade in der Zeit kurz vor der Landung zog eine große Front durch Lecce, die ich umflog und über Brindisi nach Lecce mich reinmogelte. In diesen Schauern fällt das F. T. Gerät[1]) vollkommen aus. Unser Zelt stand vollkommen unter Wasser und konnte von den zurückgebliebenen Leuten nur mit Not vor dem Einstürzen bewahrt werden. Am 15. 10. 42 zweiter Einsatz nach Derna, der ohne größere Komplikationen verlief.

16. 10. 42 Lecce–Derna 08.35–01.35
ca. 38 tons
Derna–Lecce 13.13–17.32
ca. 35 tons

Dieser Flug wurde ausgeführt bei ca. 6/10 Bewölkung in ca. 600 m Höhe. Von Derna nach Lecce verlief der Flug mit Verwundeten und Urlaubern an Bord die erste Stunde glatt in Flughöhe von 550 m. Dann fiel mit einem Schlag Motor 2 aus. Alles war motormäßig in Ordnung, jedoch keinerlei Leistung mehr. Ich stellte den Motor still und stieg ganz langsam blind auf 2000 m, wo ich über den Wolken war und entschloß mich zum Kurs auf Araxos in Griechenland. Da Motor 1–3–4 einwandfrei liefen, ging ich nach Erreichen der Küste auf Kurs Korfu und von da aus nach Lecce. Mit 1,05 A Ladedruck und 2100 U/min hatte ich 250 km Staudruck. Jetzt schalteten wir die Kabinenheizung ein und zu unserem Erstaunen ging der Staudruck auf 220 km zurück. Dann Heizung aus, Staudruck 260 km. Nach 3 Std 5´ Flug mit 3 Motoren Landung glatt in Lecce.

18. 10. 42 Lecce–Lecce 07.55–08.30
= 38 tons

Start mit Personal an Bord nach Derna. Die Temperatur von Motor 1 ging gleich sehr hoch und war nicht niedrig zu kriegen. Dann gab es einen harten Schlag und kurz darauf stellten wir fest, daß Motor 3 stark Öl verlor. Vorher war Motor 1 schon

stillgelegt. Hier muß ich einfügen, daß bei Va über 240 km die Motoren nicht stehen bleiben und immer wieder anlaufen. Der Oelverlust von Motor 3 war so stark, daß ich auch diesen Motor abstellen mußte. Mit Kampfleistung auf Motor 2 und 4 konnten wir den Platz erreichen und ich landete glatt. Bei Motor 1 war der Torsionsstab für den Lüfterradantrieb gebrochen. Von Motor 4 flog eine Schaufel vom Lüfterrad weg, in Propeller 3 und Oelkühler 3, so daß also mit einem Schlag 2 Motoren ganz ausfielen und Motor 4 hätte krank werden können.
Am 31. 10. 42 haben wir, nebenbei bemerkt, eine notgewasserte Besatzung eines Go-Seglers[2]) aus dem Wasser geholt, indem wir das Seenotflugzeug rangeholt haben und an der Unfallstelle blieben, bis die Besatzung an Bord genommen wurde.
2. 11. 42 Lecce–Derna 38 tons
Derna–Lecce 34 tons
Auf dem Weg von Derna nach Lecce haben wir ein U-Boot ausgemacht und der U-Boot Station gemeldet. Am folgenden Tag gibt der Wehrmachtsbericht die Versenkung eines U-Bootes im Mittelmeer bekannt. Da unser U-Boot nächst der Afrikaküste lag, wäre es möglich, daß es das von uns gemeldete war. Ich erkundige mich in Derna danach. Auf der Hälfte des Weges verlor Motor 4 Öl. Mit Nachtanken konnte ich ihn noch laufen lassen, jedoch wurde der Verlust größer und ich stellte den Motor ab. Landung glatt in Lecce. Der Grund war ein durchgescheuertes Ölrohr.
4. 11. 42 Lecce–Lecce 05.55–06.20
38 tons
Auch heute wieder Ölverlust an Motor 4 und zwar so viel, daß die Nachtankpumpe es kaum schaffte. Ich stelle den Motor 4 ab. Landung glatt in Lecce. Grund: Bruch eines Rohres im Ölkühler. Wir haben also bei 8 Einsätzen 5 ausgefallene Motoren. Von den 8 Einsätzen konnte ich jedoch 6 durchführen. Die Hydraulikanlage scheint jetzt in Ordnung zu sein, dafür macht der Druckspeicher der Bremsanlage jeden Tag stundenlange Arbeiten nötig. Dann sind viel Blecharbeiten notwendig. Die Strahldüsen bedürfen der genauesten Kontrolle nach jedem Flug, es gibt dauernd Scherereien damit.
In diesem Zusammenhang kann ich nur sagen, daß es propagandamäßig ein Glück ist, daß die V-8 von einer Junkersbesatzung geflogen wird, denn man kann sich vorstellen, wie über die Ju 90 geschimpft würde, wenn sie von der Truppe geflogen würde. Wir können aber immer sagen, daß wir ja eine Versuchsmaschine fliegen. Im Großen und Ganzen gesehen ist der Eindruck der V-8 auf allen Plätzen ganz enorm und alles ist begeistert.
Auf Grund der vielen Motorausfälle trage ich mich mit dem Gedanken, nur noch tote Fracht zu laden, die ich im Falle der Not von Bord werfen kann. Die Verantwortung für 60 Menschenleben kann ich unter diesen Umständen kaum mehr ertragen. Wenn diese Ausfälle beim ersten Einsatz passiert wären, dann würde schon beim ersten Motorausfall alles baden gegangen sein, und was das bei 900 km Wasserstrecke heißt, kann man sich ja denken. Ich bin heute froh, daß ich bei BMW in München damals so auf die Tropenrüstung gedrungen habe, denn jetzt kann ich den Motoren mal Leistung abverlangen.
Um einigermaßen einsatzfähig zu bleiben, muß ich den Monteuren das Letzte an Leistung abverlangen. Sie arbeiten von früh bis spät und dabei läßt die Verpflegung und die Unterkunft sehr zu wünschen übrig. Ich selbst vertraue auf mein weiteres Fliegerglück, wir haben alle den festen Willen, die Stundenzahl auszufliegen.
Interessieren würde es Sie noch zu erfahren, daß die V-8 genau 4 Ju 52 ersetzt, und dabei noch mit eigenem Brennstoff nach Afrika und zurück fliegt. Zu gleicher Zeit sind hier 12 Kondore auch als Transporter stationiert. Die Schleppen genau 40 % von uns und sind bedeutend langsamer.

Da ich hier keine Schreibmaschine zur Verfügung habe, bitte ich diesen Brief kopieren zu lassen und den interessierenden Stellen zuzuleiten. Ich selbst bitte um Übersendung einer Kopie.

Der erste Ausfall des Motors war auf den Bruch eines kleinen Federchens im Kommandogerät zurückzuführen. Den Staudruckverlust nimmt wahrscheinlich der Durchfluß der zu heizenden Luft durch die Heizungsanlage auf. Drehzahl- und Ladedruckabfall dabei ist entsprechend des geringeren Staudrucks.

So, Herr Kindermann, jetzt haben Sie einen vorläufigen Bericht über die ersten 60 Stunden des zweiten Einsatzes. Ich bitte höflichst, Herrn Maringer hiervon in Kenntnis zu setzen. Ich hoffe, daß sich in Zukunft alles besser entwickelt und bin mit herzlichen Grüßen

Ihr

Eduard Dautzenberg

1) F. T. Gerät – Funkgerät
2) Go-Segler – Lastensegelflugzeug Gotha Go 242

Nachschub für das Afrikakorps

Zur Verstärkung der in Italien stationierten Lufttransportstaffeln der Luftflotte 2 unter Generalfeldmarschall Kesselring wurden zusätzlich zu der seit Ende Juli in der Savoia-Staffel in Lecce zur Erprobung eingesetzten Ju 90 V-8 ab Dezember 1942 die Werksmaschinen Ju 290 V-1 (Flugkapitän Walter Hänig), die fabrikneue Ju 290/152 (Flugkapitän Peter Hesselbach) sowie die Ju 90 V-7 der Luftwaffe (Fliegerstabsingenieur Paul Bader) verlegt. Bereits seit Mitte November 1942 hatte die Luftwaffe sieben Ju 90 der »Transporterstaffel Ju 90 Berlin-Tempelhof« für den Afrika-Einsatz in Lecce zusammengezogen und der Savoia-Staffel angegliedert. Die Anzahl der Junkers-Großraumflugzeuge in Lecce hatte somit inzwischen die Stärke einer Staffel erreicht.

Für mich als Werksbeauftragter war die technische Betreuung der Maschinen infolge der Unterschiedlichkeit der Baumuster, der großen Entfernung zum Herstellerwerk und der prekären Ersatzteillage äußerst kompliziert. Auf Grund der vielen Ausfälle an Motoren, funktechnischen Anlagen und Ausrüstungen der Trapoklappen konnte lediglich die Hälfte der Flugzeuge einsatzklar gehalten werden, oftmals nur durch gegenseitigen Austausch der Teile.

Die militärische Lage in Nordafrika hatte sich im Dezember weiter zuungunsten des Afrikakorps entwickelt. Im Verlauf dieses Monats besetzten die Streitkräfte Montgomerys das östliche Libyen und stießen danach bis Tripolis vor, das sie Mitte Januar 1943 erreichten. Da Tobruk und Derna gefallen waren, starteten unsere Transportflugzeuge nunmehr nach Tunis und Bizerte, um Treibstoff und Gerät für Rommels Panzerarmee zu befördern. Günstig dafür wirkte sich die Hochdruckwetterlage mit meist guter Sicht aus,

Fritz Müller und die brandneue Ju 290/152 beim Zwischenaufenthalt in Ciampino/Rom während des Fluges nach Lecce. Anfang Dezember 1942. Foto: Sammlung Müller

während die Luftlage immer schwieriger wurde, denn bereits im November hatten die Briten die Luftherrschaft bis zur Großen Syrte errungen.

Die katastrophale Lage an der Front im Raum Stalingrad veranlaßte die Luftwaffenführung, die Flugzeuge der Ju-90-Kleinreihe ab Mitte Dezember nach Charkow zu verlegen. Nach Weihnachten folgte die Ju 290 V-1 nach Stalino zur Luftversorgung der im Stalingrader Kessel eingeschlossenen deutschen Truppen. Die anderen Maschinen verblieben noch bis Mitte Januar 1943 in Lecce, um den Nachschub nach Nordafrika, Griechenland und Kreta sicherzustellen.

Meine ersten Fronterfahrungen, die für Junkers von Bedeutung waren, hielt ich in den folgenden Berichten vom 30. Dezember 1942 beziehungsweise vom 20. Januar 1943 fest:

FSD-Fertigungsprüfung

Lecce, den 30. 12. 1942
Feldpost-Nr. L40 353 (L) S

Bericht
des Flugzeugprüfers Müller

Betr.: Einsatz Ju 90 V-7 und V-8, Ju 290 V-1 und Ju 290/152

Die Ju 90 V-7 und V-8 haben bisher 7 Einsätze, 1× nach Tunis und 6× nach Athen geflogen. Beanstandungen sind keine von Bedeutung, eine Sicherheitskontrolle wurde am 23. 12. 42 durchgeführt.

Flugkapitän Hänig am Steuer der Ju 290 V-1, die in Lecce zur ersten Fronterprobung eingesetzt wurde. Foto: Privat

Die Flugkapitäne Hänig (rechts) und Dautzenberg (Mitte) sowie Flugingenieur Geyling von der Junkers-Flugversuchsgruppe in Lecce. Weihnachten 1942. Foto: Sammlung Müller

Folgende Punkte wurden gefunden:

1. *Querruder-Anschlag im rechten Tf[1]) beschädigt (Bock ist eingedrückt und Niet ausgerissen).*
2. *Bock mit Schaltschütz im Triebwerk zwischen Gerüst gebrochen.*
3. *Normalgashebel – Unterteil am Motor 4 hinter dem Brandspant war lose.*
4. *Am Spt 19[2]) im Ru[3]) hat die Spindel für SR.-Trimmung[4]) zu viel loses Spiel.*
5. *An der rechten Führer-Pedale ist die Verstellspindel ausgeschlagen.*

…ußenstelle O. B. S. — Dessau, d. 17.12.42
Dienststelle — Ort, Datum

Flugauftrag

Der ~~Führer~~ Flugzeugführer ~~Schüler~~ Flugkapitän H ä n i g (Dienstgrad, Name) als Kommandant ~~Verbandsführer~~ ist beauftragt,

mit dem Flugzeug Ju 290 / BD+TX (Muster, Kennzeichen), am 18.Dezember 1942 um 09.00 Uhr

von Dessau nach Lecce

über München-Riem (Zwischenlandeplätze unterstreichen) zu fliegen.

Zweck des Fluges: Überführungsflug zwecks Ablieferung an neuen Halter (Aussenstelle O.B.S.) Savoya-Staffel Lecce

1. Führer Hänig
2. ~~Führer~~ oder Beobachter Geyling
Bordfunker Stieler
Bordschütze
Bordmechaniker Stiefel, Richter
Blindflugschein
(Schein)

Andere Insassen oder Lasten:
Elektriker Marx
Mstr. Habermann
Flugzeugführer Wendel
Dr. Dietz

Flughöhe .... m, Mindestflughöhe ü. Gr. .... m, Mindestsicht (horizontal) .... km
Landung muß bis .... Uhr erfolgt sein.
Landung muß — muß nicht — bis Eintritt der Dunkelheit erfolgt sein.
Flug darf — ~~darf nicht~~ — falls erforderlich, im Blindflug durchgeführt werden.
Der Flugzeugführer ist — ist nicht — im Besitz eines gültigen Sonderflugausweises.

Flugweg liegt je nach Wetterlage im Ermessen des Flugzeugführers.
Die Besatzung hat Kenntnis über Sicherheitsbestimmungen und Erlasse über fliegerische Zucht und Ordnung.

(Dienststempel)

Anm.: In allen Punkten auszufüllen.

Hänig
Name, Dienstgrad und Dienststellung des fliegerischen Vorgesetzten
Leiter der Außenstelle O.B.S.

Lager-Nr. 3440 Heß, Braunschweig-München-Berlin

Die Ju 90 V-8 hat 4 Einsätze nach Tripolis geflogen. Bisher wurde ein Triebwerk gewechselt (Ventilbuchsen sind lose). Motorstörungen sind häufiger (Undichtheiten an den K. G. Geräten[5]), Luftschrauben, Verstellgeräten). Eine Sicherheitskontrolle wird bei der nächsten Flugpause durchgeführt.

Ju 290/152
Das Flugzeug liegt seit dem 23. 12. 42 flugunklar.

1. *Funkbeschicker und Peiltochter wurden für Ju 290 V-1 ausgebaut. Ersatzteile wurden bestellt.*
2. *Winden-Motor. Beim Ausladen wurde die Getriebekupplung heiß, so daß die Federringe in der Lamellen-Kupplung ausgeglüht wurden.*
3. *Hebel für Motorkupplung ist aus Pantal und brach beim Schalten.*
4. *Antriebswelle von der Klappen-Betätigung ist gebrochen. Es ist zu klären, ob hier richtiges Material verwendet wurde (Die Besatzung hat die Welle mit).*

Wenn eine Notlösung für Klappenbetätigung vorgesehen wäre, ebenso ein Lasten-Aufzug mit Rollen, wie ich vor 2 Jahren vorgeschlagen habe, dann wäre das Flugzeug zum Einsatz gekommen, so ist es für die Fa.[6]) eine Pleite, darum bitte ich Sie, Herr Herzog, nochmals dem Kobü[7]) klarzumachen, welche Schwierigkeiten beim Versagen dieser Winde auftreten können.

Ju 290 V-1
Das Flugzeug hat einen Einsatz nach Tripolis gehabt und ist am 28. 12. 42 nach dem Osten, nach Stalino abkommandiert; als zweite Maschine soll die Ju 290/152 eingesetzt werden.

Flugzeugprüfer Müller

Verteiler:

Kobü – Ltg./H. Zindel
KL[8])/H. Prof. Hertel
Kobü – Ju 90/H. Eichholz
Kobü – Statik
Feprü[9]) – II
Feprü – Baumuster
Feprü – Akte

Ju 90 V-8 (DJ+YE) noch ohne Waffen.
Mit Waffen ausgerüstet flog die Maschine Ende 1942/Anfang 1943 Versorgungseinsätze nach Nordafrika. Foto: Sammlung Müller

Ju 290 V-1, BD+TX, im Fluge.
Foto: Sammlung Müller

1) Tf – Tragflügel
2) Spt – Spant
3) Ru – Rumpf
4) SR – Seitenruder
5) K. G. Geräte – Kommandogeräte
6) Fa – Firma
7) Kobü – Konstruktionsbüro
8) KL – Konstruktionsleiter
9) Feprü – Fertigungsprüfung

FSD-Fertigungsprüfung
Fp.- Flugbetrieb
Ruf: 229
Flugzeugprüfer Fritz Müller

Dessau, den 20. 1. 1943
Verteiler:
Kobü – Ltg./H. Zindel
KL/H. Prof. Hertel
FLV/H. Kindermann[1])
Vertraulich! *Kobü/H. Eichholz*
Kobü – Statik
Fp.– Leitung
Fp.– II
Fp.– Baumuster
Fp.– Flugbetrieb
Fp. Akte

Reisebericht
21. 12. 42–10. 01. 43 in Lecce (Italien)

Reisegrund: Prüftechnische Betreuung der Ju 90 V-7, V-8, Ju 290 V-1 und Ju 290/152 im Sondereinsatz

Ausfahren der Trapo-Klappe an der Ju 90 V-7, GF+GH, wodurch gleichzeitig das Heck der Maschine angehoben wurde.
Foto: Sammlung Müller

Am 21. 12. 42 startete die Ju 290/152 als letzte von den vier vorgesehenen Flugzeugen nach Lecce. Die Landung erfolgte am 23. 12. 42 in Lecce.
Folgende Arbeiten wurden an allen Flugzeugen durchgeführt:
Nach jedem Einsatzflug eine Sicherheitskontrolle sowie eine allgemeine Prüfung der Welle und der Trapo-Anlage.

Das Flugzeug Ju 90 V-7 wurde für Nachschub nach Griechenland und Kreta eingesetzt.
Am 8. 12. 42 war ein Triebwerkswechsel am Motor 3 in Rom erforderlich. 9 Zylinder hatten keine Kompression, da nichtverchromte Teile eingebaut waren.
Das Triebwerk 2 mußte am 22. 12. 42 in Athen gewechselt werden, da Auspuffmuttern und Gewindestutzen ausgeschlagen waren. Nach jedem Einsatz wurden lockere Überwurfmuttern an den Abgasdüsen festgestellt. Die Einspritzdüsen mußten ebenfalls nachgezogen werden.
Vom 7. 12. 42–16. 01. 43 hat das Flugzeug 80 Flugstunden.

Die Ju 90 V-8 wurde für den Afrika-Nachschub eingesetzt. Nach dem dritten Einsatz mußte das Triebwerk 2 gewechselt werden. Die Ventilbuchsen hatten sich gelockert. Die Triebwerke erforderten die gleiche Wartung wie an der Ju 90 V-7.
Vom 23. 12. 42–16. 1. 43 war das Flugzeug 65 Stunden im Einsatz.

Die Ju 290 V-1 war bei der Landung in Lecce infolge funktechnischer Störungen flugunklar. Nach der Entnahme von Ersatzgeräten aus der Ju 290/152 wurde ein Einsatz nach Afrika geflogen.
Am 27. 12. 42 startete die Ju 290 V-1 auf Befehl vom Oberbefehlshaber Süd, Rom, nach Stalino.

Die Ju 290/152 landete am 23. 12. 42 in Lecce. Durch Wassereintritt infolge undichter Peilrahmenabdeckung und Antennenkabelführungen Ausfall von funktechnischen Geräten. Bei Betätigung der Trapoklappe zur Entladung brach der Motorkupplungshebel. Nach behelfsmäßiger Reparatur des Hebels wurde die Motorkupplung nach kurzem Lauf glühend heiß und funktionierte nicht. Die Kupplung wurde instandgesetzt. Nach Inbetriebnahme der Trapoklappe brach die Antriebswelle infolge Versagens der elektrischen Abschaltanlage. Das Flugzeug war 7 Tage flugunklar und kam nicht zum Einsatz. Es wurde auf Befehl des OBS am 30. 12. 42 nach Dessau zur Instandsetzung geflogen.

Erfahrungen und technische Verbesserungen sind in einem gesonderten Bericht zusammengefaßt.

Bearbeiter: Müller

FSD – Technische Werksleitung
gez. Dreuse
FSD – Prüfwesen[2])
gez. Herzog

1) FLV – Flugversuchsgruppe
2) FSD – Flugsicherheitsdienst

FSD – Fertigungsprüfung
Fp. – Flugbetrieb
Ruf 229

Dessau, den 20. 1. 1943

Fritz Müller
Flugzeugprüfer

Bericht
über Erfahrungen und technische Verbesserungen an der Trapo-Anlage der Ju 290/152 beim Sondereinsatz in Lecce

1. *Kupplungshebel für Motorkupplung, Windenkupplung und Klappenkupplung sind gebrochen.*
   Die Hebel sind aus Stahl statt Pantal-Rohren zu fertigen.
2. *Die Motorwelle mit Schieberad ist bei ausgeschalteter Motorkupplung nicht frei, sondern wird noch mit ca. 10 kg vom Motor mitgenommen.*
3. *Das Schieberad auf der Motorwelle ist 2× gebrochen. Der Bruch muß durch zu hohes Drehmoment beim Anwerfen mit Startgenerator erfolgt sein.*
4. *Generatorrad und Schieberad werden in Stellung »Generator« (Notstromgerät) nicht geschmiert. Die Räder laufen nach kurzer Betriebszeit heiß.*
5. *Der Schalthebel für Schieberad ist ausgeschlagen.*
6. *Die Handkurbel am Getriebekasten ist zu weich. Die Kurbel ist zu tief am Fußboden angeordnet. Der Handgriff muß als Rolle ausgeführt werden.*
7. *Das Federpaket für Klappenkupplungshebel ist zu schwach. Die Kupplung wird nicht auf Mittelstellung zurückgeholt.*
8. *Die automatische Rastung für Klappenkupplungshebel klemmt. Duralbolzen in Duralbohrung.*
9. *Die Anfahrtschienen der Trapoklappe sind stark deformiert. Die Haken aus Dural sind gebrochen.*
10. *In den Fahrschienen der Trapoklappe sind die Niete versenkt zu schlagen. Der Belag ist in Stahl auszuführen.*
11. *Die Brücke zwischen Trapoklappe und Rumpf springt beim Befahren aus der Führung. Die Führung ist schräg auszuführen.*
12. *Die Rastung der Bedienschaltung ist zu weich.*
13. *Die 8 mm Madenschraube der Motorkupplung ist abgeschert.*

gez.: Fritz Müller

Am Kessel von Stalingrad

In der zweiten Januarhälfte 1943 kam der Befehl zur Verlegung der Ju 90 V-7, V-8 und Ju 290/152 von Lecce nach Stalino beziehungsweise Charkow zur Kampfgruppe z.b.V. 200 und für mich die Rückverlegung nach Dessau. Hier erwartete mich bereits eine neue Aufgabe: eine Dienstreise nach Charkow, um vor Ort die Möglichkeiten einer Instandsetzung der bruchgelandeten Ju 90/008 zu prüfen. Umgehend traf ich Vorbereitungen für den Empfang der Winterbekleidung und Waffen – obwohl ich Zivilist war – sowie der vielen erforderlichen amtlichen Papiere, wie Durchlaßschein Ost, Marschbefehl, Wehrmeldeamts- und Lufttransportführer-Bescheinigung.

Inzwischen ereilte uns die Nachricht über die Stalingrader Tragödie. Einige Tage zuvor hatte ich mit Erschütterung erfahren, daß Flugkapitän Hänig mit der Ju 290 V-1 im Stalingrader Kessel tödlich abgestürzt war. Erst im Verlaufe meiner Dienstreise mit der Ju 90 V-5 nach Charkow erfuhr ich Näheres darüber.

Hänig war in Pitomnik im Kessel mit Verwundeten an Bord zum Rückflug nach Charkow gestartet. Kurz nach dem Abheben bäumte sich das große Flugzeug auf, stürzte sich überschlagend nach rückwärts ab und zerschellte nach dem Aufschlag. Vermutlich – so wurde mir berichtet – sei infolge der Startbeschleunigung ein Teil der Verletzten, die auf dem Rumpfboden saßen beziehungsweise sich auf den Tragen befanden, ins Rumpfende gerutscht. Der festgebackene Schnee unter den eisenbeschlagenen Stiefeln sowie die fehlende Verzurrung der Tragen haben das Rutschen gefördert. Hinzu kam, daß die Querleisten des Rumpfbodens zu flach waren. Auf Grund der Ladungsverschiebung wurde das Flugzeug stark hecklastig. Für einen kurzen Moment stand die Ju 290 senkrecht, machte dann einen Überschlag nach hinten und schlug ohne in Brand zu geraten am Platzrand auf. 28 von 70 Insassen, darunter der Heckschütze, Unteroffizier Heinz Lutz, überlebten die Katastrophe. Der Verlust war für mich unfaßbar.

Mit der Werksmaschine Ju 90 V-5, KH+XB, an der Ostfront. Foto: Sammlung Müller

Blick von der V-5 auf gewaltige Frostrisse in der schneebedeckten russischen Weite. Foto: Sammlung Müller

In Auswertung der Ursachen des Absturzes sah man vor, alle Ju-90- beziehungsweise Ju-290-Baumuster im Laderaum mit einer sogenannten Abschottung zu versehen. Die Ju 90 V-5, eine Werksmaschine mit Flugkapitän Hesselbach am Steuer, die

Ju 90/005, GF+GE, mit gelben Motorunterhauben an der Ostfront. Foto: Sammlung Müller

Betanken der Ju 90 V-5 in Shitomir. Der helle Streifen auf der Tragfläche wurde durch überlaufenden Kraftstoff hervorgerufen. Foto: Sammlung Müller

mich nach Charkow bringen sollte, hatte bereits die vorschriftsmäßige Abschottung aus kniehohen Holzbohlen quer zur Flugrichtung. Mein Flug zur Charkower Bruchmaschine Ju 90/008 endete jedoch bereits in Dnepropetrowsk, da der Gegner schon vor Charkow stand. Vergeblich versuchte ich, den Flugplatzkommandanten in Charkow wegen der 1008 telefonisch zu erreichen. Stattdessen meldete sich ein Feuerwerker vom Sprengtrupp am anderen Ende der Leitung, der mir seine Weisung mitteilte, die Maschine auf Grund der Lageentwicklung zu sprengen, was inzwischen geschehen sei. Damit hatte sich mein Auftrag an der Ostfront erübrigt.

Sowohl die Stadt Dnepropetrowsk als auch die Situation auf dem dortigen Flugplatz boten ein grausiges Bild. Nach einem kurzen Gang in dic völlig zerstörte Stadt kehrte ich bereits um, denn es gab nichts mehr zu sehen als ein einziges Trümmerfeld. Damals konnte ich nicht ahnen, daß zwei Jahre später meine Heimatstadt Dessau genauso aussehen würde. Auf dem Flugplatz wurde trotz der grimmigen Kälte mit aller Kraft verbissen gearbeitet, um die Flugzeuge startklar zu halten. Mit letzter Anstrengung starteten Transporter und Kampfflugzeuge, um Versorgungsgüter über dem in den letzten Zügen liegenden Kessel von Stalingrad abzuwerfen. Die Verluste an Transportmaschinen stiegen sprunghaft an. Immer weniger kehrten zurück, da es am nötigen Begleitschutz fehlte. Zudem vereisten die Maschinen schnell bei der großen Kälte, was zahlreiche Abstürze zur Folge hatte. Wegen fehlender Ersatzteile standen zudem viele Flugzeuge am Boden. Es gab zu wenige intakte Warm-Anlaßgeräte, und es mangelte an Werfthallen, um unabhängig von den Witterungsunbilden instand setzen zu können. Im Freien waren Reparaturarbeiten jedoch unmöglich, da man mit den Händen sofort am Metall kleben blieb. Dichter Nebel, Schneetreiben und Eisregen konnten mit unseren unzureichenden Mitteln nur unvollständig gemeistert werden – Startverzögerungen und weitere Ausfälle waren die Folge. Durch unzurei-

Von vorn nach hinten: Ju 90 V-7, V-8 und 007 bei der Betankung in Dnepropetrowsk. Februar 1943. Foto: Sammlung Müller

Flugzeugführer Oberleutnant Hinkes (links) vor seiner Ju 90 V-8. Daneben der Flugkapitän Major von Goessel, der die Ju 90 V-7 flog. Foto: Sammlung Müller

Oberleutnant Hinkes flog mit der V-8 in der KG. z. b. V. 200 Versorgungseinsätze in den Kessel von Stalingrad. Foto: Sammlung Müller

chende Räumtechnik wurden die Landebahnen unpassierbar, und die gegnerischen Luftangriffe forderten zusätzliche Opfer. Oft genug mußte der Flugbetrieb unterbrochen werden. Schlimmes deuteten außerdem die Berichte jener an, die aus dem Kessel kamen. Dort spielten sich wahre Tragödien ab, insbesondere bei der Auswahl der Verwundeten, die ausgeflogen werden sollten. Alle wollten raus, aber nur die wenigsten erhielten eine Chance. Um mich keiner Gefahr auszusetzen, habe ich zu Hause über diese schlimmen Zustände geschwiegen und mich ansonsten nur auf meine Arbeit konzentriert.
Da die Mission hier beendet war, nahmen wir noch von Dnepropetrowsk 40 Verwundete mit nach Warschau. Sie waren nur mit Hemden bekleidet und lagen etwa dreieinhalb Flugstunden bei minus 25 Grad auf Stroh und Wolldecken. Ihre Entladung am Zielort erfolgte mit nur einem Sanitätswagen. Da das bei der Kälte nicht zu vertreten war, rief ich sofort die Flugleitung an und bat, einen zweiten Wagen zu schicken, der glücklicherweise auch schnell eintraf.
Am nächsten Tag nahmen wir aus dem Warschauer Lazarett andere Verwundete mit nach Dessau. Hier trugen wir sie auf dem Rücken zur Flugleitung, und von Dessau aus kamen sie in ein Lazarett nach Köthen.

Die Besatzung der Ju 90 V-5 nach der Landung in Dnepropetrowsk, 8. Februar 1943. In der Mitte Flugkapitän Hesselbach, 2. v. r. Fritz Müller. In dieser Maschine sieht man bereits die hölzerne »Abschottung« sowie Haltegurte an den Wänden zum Verzurren der Lasten. Foto: Sammlung Müller

Die Ju 90/008, BG+GZ, die Anfang Februar 1943 gesprengt wurde, in Charkow. Foto: Sammlung Müller

Fritz Müller (links) und die Ju 90 V-5 in Warschau beim Rückflug von Dnepropetrowsk nach Dessau. Foto: Sammlung Müller

Der Reichsminister der Luftfahrt
und Oberbefehlshaber der Luftwaffe
Der Generalluftzeugmeister/Planungsamt
Az. 61a G.L./A. Nr. 9000/42 (B.f.V.I)

(Bitte in der Antwort vorstehendes Geschäftszeichen, das Datum und kurzen Inhalt anzugeben.)

Berlin W 8, den 26.1.43
Leipziger Straße 7
Tel.-Adr.: Reichsluft Berlin
Fernsprecher für Ortsverkehr: 52 00 24, 21 82 41, 12 00 47
„ „ Fernverkehr: 21 80 11
Hausapparat:

Eigenmächtige Abänderungen und Zusätze auf diesem Marschbefehl oder auch nur vorübergehende Aushändigung an Unbefugte, vor allem an Ausländer, sind strafbar!

Marschbefehl Nr. 68391

Dieser Marschbefehl verliert am ~~31.3.43~~ 30.4.43 seine Gültigkeit.
Er darf nur von G.L./A. B.f.V. verlängert werden und berechtigt nicht zum Empfang von Betriebsstoffen.

Er ist vom Inhaber spätestens 8 Tage nach Beendigung der Reise bzw. nach Ablauf der Gültigkeitsdauer zusammen mit einem kurzen Bericht über das Ergebnis der Reise der ausstellenden Dienststelle R.L.M. – G.L./A. B.f.V. zurückzusenden.

Auf besondere Veranlassung des Generalluftzeugmeisters reist
Flugzeugprüfer Fritz M ü l l e r

von der Firma ~~Dienststelle~~ JUNKERS FLUGZEUG UND MOTORENWERKE AG

nach Stalino (genaue Ortsangabe) in Russland (Land)

und zurück.

Gilt als [illegible]

Sein ~~Ihr~~ Auftrag lautet (genaue Angabe erforderlich):
Sondereinsatz Ju 90/V 8

Er ~~Sie~~ weist sich aus durch:
Reisepass Nr. 494/97 953 0 41
ausgest.v.Pol.Präs.Dessau

Er ~~Sie~~ ist gehalten, sich nach Eintreffen bei
bei d.T.O. des Sondereinsatzes Ju 90/V 8? zu melden.

Die Meldung ist auf der Rückseite des Marschbefehls zu bestätigen.
Genannter ist ~~Selbstverpfleger~~ wird von der Truppe verpflegt
Alle Dienststellen werden gebeten, ihn – ~~sie~~ auf Anforderung hin zu unterstützen.

Im Auftrag
[Unterschrift]
Oberstingenieur

Die Reise ist kriegswichtig und unbedingt erforderlich.
Stempel und Unterschrift der Firma:
Junkers Flugzeug- und -Motorenwerke
Aktiengesellschaft
[Unterschrift]

Das Flugzeug war nicht die Ju 90 V8, sondern die 0008, aus der Kleinserie. Pilot war Feldw. Wagner.

Durchlaßschein Ost Nr. 7706
Gültig für: Operationsgebiet – UdSSR

Fritz M ü l l e r, Flugzeugprüfer
(Vorname, Familienname, Beruf)
aus Dessau, Eduardstr. 3
(ständiger Wohnort, Straße, Hausnummer)
ist berechtigt, unter Vorlage des Passes – ~~Paßersatzes – amtlichen Lichtbildausweises~~ – der Kennkarte¹) –
Nr. 494/ 97 953 041
ausgestellt von Pol.Präs. Dessau in der Zeit
vom 29.1. 1943 bis zum 30.4. 1943
einmal¹) und zurück¹) – ~~wiederholt~~
über die amtlich zugelassenen Übergangsstellen
von Reichsgebiet
nach Operationsgebiet – UdSSR
zu reisen.

Berlin, den 29.1. 1943
Der Generalquartiermeister
I. A.
[Unterschrift]
Oberleutnant

¹) Nichtzutreffendes streichen.

Dieser Durchlaßschein ist eine Urkunde im Sinne des Gesetzes. Er ist nur gültig in Verbindung mit dem amtlichen Lichtbildausweis des Inhabers und nicht übertragbar. Jede Veränderung oder mißbräuchliche Benutzung wird nach Kriegsgesetzen bestraft.

Lufttransportführer Chef A.W.
Berlin-Staaken

Staaken, den 5.2.43

Bescheinigung

Der Flugzeugprüfer Fritz M ü l l e r gehört den Junkers-Flugzeugwerken in Dessau an. Herr Müller hat Auftrag, die Ju 90, W.-Nr. 008, die in Charkow Bruchlandung gemacht hat, auf Überführung in die Heimat zu überprüfen. Es wird seitens des Auffangkommando Chef A.W. gebeten, Herrn Müller zu unterstützen.

Der Lufttransportführer Chef A.W.
Berlin – Staaken
Auffangkdo.
i. A. [Unterschrift]
Major

Die Lufttransportstaffel 290

Ab Mitte Februar 1943 verlegten die Großraumtransporter Ju 90 V-7 und V-8 sowie die Ju 290/152 – bei Verlust der Ju 290 V-1 – von der Ostfront nach Berlin-Tempelhof. Hier war Hauptmann Heinz Braun als neuer Staffelkapitän dabei, die Lufttransportstaffel 290 aufzustellen. Als ehemaliger Angehöriger der Erprobungsstelle Rechlin war er mit der Ju 290 bestens vertraut. Am 18. Februar überführte er persönlich die brandneue, aus der angelaufenen Serie stammende Ju 290/154, die am 9. Februar 1943 gerade erst von Flugkapitän Pancherz eingeflogen worden war, von Dessau zu seiner Staffel nach Berlin. Gleichzeitig brachte er eine Gruppe von Junkers-Fachleuten für die technische Betreuung seiner Staffel mit. Seitdem war ich in der LTS 290 für die prüftechnische Beaufsichtigung der Junkers-Muster eingesetzt. Noch am selben Tage erhielt ich von Hauptmann Braun meine Papiere und begegnete Oberleutnant Heinz Hinkes als neuem Staffel-TO (Technischer Offizier) wieder, den ich vor Wochen in Dnepropetrowsk kennengelernt hatte. Er flog die V-8, die er am 25. Januar 1943 von Flugkapitän und Werkspilot Eduard Dautzenberg für die Luftwaffe übernommen hatte. Folgende Flugzeugführer der LTS 290 sind mir weiter in Erinnerung geblieben: Major von Goessel, Major Wiskandt, Hauptmann Wasserkampf, Hauptmann Vogel, Hauptmann Gymnich, Oberleutnant Gutschmidt, Leutnant Schweighofer, Oberfeldwebel Schröder, Leutnant Puhrmann, Leutnant Wagner, Oberfeldwebel Liesche, Oberfeldwebel Niedermaier und Oberfeldwebel Boldt.

Nach und nach kehrten auch die Ju 90 aus der Kleinreihe der Transportstaffel Ju 90 Berlin-Tempelhof von der Front zurück, nur die »Hessen« war leider in Charkow verlorengegangen. Die Ju 90 wurden nun

Die Ju 290 A-1, Werk-Nummer 110152, wurde im Bestand der KG z. b. V. 200 für Versorgungsflüge an der Donfront eingesetzt. Februar 1943. Foto: Sammlung Griehl

Das Heck der Ju 290/152, SB+QB, mit geöffneter Trapo-Klappe. Foto: Sammlung Griehl

Ju 290/152 im Osteinsatz. Anfang 1943.
Foto: Sammlung Griehl

in den Bestand der LTS 290 eingegliedert. Im Prozeß des Formierens zur Staffel füllte man die Besatzungen auf, erfolgten die Ausbildung und das Überspritzen der Lufthansa-Bemalung. Noch im Februar verlegten die Flugzeuge der Ju-90-Kleinreihe nach Berlin-Staaken, wo sie die Bordbewaffnung erhielten. Bis Ende März 1943 hatten wir alle Hände voll zu tun, um die aus dem Osteinsatz resultierenden Wartungs- und Instandsetzungsarbeiten auszuführen, die Erfahrungen der Besatzungen beim Einsatz der neuesten Muster auszuwerten und für das Flugzeugstammwerk Dessau aufzuarbeiten. Die LTS 290 wurde später in zwei Gruppen aufgeteilt. Die erste bestand aus der Ju 90 V-7 und der V-8, der Ju 290/152 und /154 sowie der Ju 252 V-5, und zur zweiten gehörten die Ju 90 V-4, die /002, /003, /005, /006, /007 und die /009. Die laut Plan zu dieser Gruppe gehörenden /001 und die V-3 waren allerdings nicht verfügbar – die /001 flog bei der E-Stelle in Rechlin und die V 3 nach wie vor bei der Lufthansa. Beide Gruppen wurden per 30.März 1943 nach Grosseto in Mittelitalien verlegt.
Die Erkenntnisse, die für Dessau von größtem Interesse waren, habe ich in den folgenden Berichten vom 21. Februar und vom 4. März 1943 dargelegt.

Lufttransportstaffel 290
L 55 285, Berlin
Berlin-Tempelhof, den 21. 2. 43

An die
Junkers Flugzeug- und Motorenwerke AG, Dessau
Abt. Feprü – Leitung, Herrn Herzog

Betrifft: Beschädigungen an den Landeklappen der Ju 290/152

Sehr geehrter Herr Herzog!

Am 12. 2. 43 wurde während der Landung in Charkow die Landeklappe durch Eis und Wasserschlag stark beschädigt.
Die linke Landeklappe ist an der unteren Seite im Bereich von Rippe 4 bis Rippe 10 beschädigt. Die Rippen sind an den Schenkeln eingeknickt, zum Teil so stark, daß dieselben an den Prägelöchern eingerissen sind, dadurch ist die Hinterkante wellenförmig verbogen. Es wurden Rippen in verstärkter Ausführung mit Versteifungsprofilen angefertigt.
Die rechte Landeklappe ist im Bereich von Rippe 11 bis Rippe 16 beschädigt, die Haut konnte ausgebeult und die Rippen durch Aufnieten von Blechen und Profilen wieder verwendet werden.
Das Flugzeug liegt seit dem 16. 2. 43 in Berlin-Tempelhof unklar. Es wurden neue, unverstärkte Landeklappen angebaut. Ferner sind folgende Arbeiten ausgeführt worden:

1. *Ventile Hd 30 und 31 für Motor-Öl- und Drosselring von Motor 3 wurden gewechselt (Ventile hängen).*
   Hierzu ist folgendes zu bemerken, die Ventile Hd 30 und 31 sind auf einer Grundplatte mit Stoppmuttern angeschraubt, welche sich beim Wechsel der Ventile sehr schlecht lösen lassen. An diesem Ort ist die Zugängigkeit sehr erschwert, dieses bedeutete einen erheblichen Zeitverlust.
   Wir hatten das Kobü vor längerer Zeit darauf hingewiesen, daß eine Änderung noch nicht erfolgte.
2. *Hintere Triebwerksverkleidung von Motor 3 ist infolge Bruch der Verschlußhaken während des Fluges ver-*

Der Bordmonteur der Ju 90 V-8, Oberfeldwebel Schack von Wittenau, am Steuerbord-Außenmotor. Februar 1943. Foto: Sammlung Müller

Ju 90 V-8 mit dem Staffelemblem der Savoia-Staffel bei der Vorbereitung der Überprüfung des Steuerbord-Außenmotors durch BMW-Spezialisten. Foto: Sammlung Müller

loren gegangen, hierbei wurde die TZ-Nase[1]) beschädigt. Die Haken müssen in verstärkter Ausführung angefertigt werden. Die Beschaffung oder Herstellung solcher Haken bedingte wieder einen Zeitverlust.

Diese beiden Beanstandungen verzögerten den Einsatz des Flugzeugs um einige Tage.

Mit bestem Gruß
Ihr

Fritz Müller

1) TZ – Tragflügel-Zwischenstück

Lufttransportstaffel 290
L 55 285, Berlin

Berlin, den 4. März 1943

An die
Junkers Flugzeug- und Motorenwerke AG
Dessau
Abt. Feprü – Leitung, Herrn Herzog

Erfahrungsbericht

Betr.: Beanstandungen an den Flugzeugen Ju 90 V-7 und V-8, Ju 290 W.Nr. 0152 und W.Nr. 0154

Ju 90, W.Nr. 4919, Kennzeichen: GF + GH

Das Flugzeug kehrte am 18. 2. 43 nach Erfüllung des Flugauftrages vom Osteinsatz zurück.
Beanstandungen: Beim Einfahren des Fahrwerks schaltet der Hydraulikdruck nicht ab, Fahrwerk bleibt im eingefahrenen Zustand stehen. Infolge des anhaltenden Druckes platzte eine Druckleitung am Ventil Hp 4. Mit der Notpumpe wurde das Fahrwerk ausgefahren. Fahrwerkanzeige flackert. Eine allgemeine Sicherheitskontrolle und Wartungsarbeiten an den Motoren wurden durchgeführt. Die beschädigte Rohrleitung wurde durch eine neue ersetzt. Endbegrenzungsschalter für Fahrwerksanzeige wurde nachgestellt.

Bordmonteure und BMW-Spezialisten bei der Wartung. Foto: Sammlung Müller

Am 25. 2. 43 war das Flugzeug flugklar für den Osteinsatz Kertsch. Kurz nach dem Start wurde an dem Hydraulikbehälter starker Ölverlust festgestellt. Das Flugzeug wurde aufgebockt und das Fahrwerk mit dem Notaggregat gefahren, sowie sämtliche Rohranschlüsse überprüft. An der neueingebauten Leitung konnte eine Verschraubung nachgezogen werden (ca. 1 Umdrehung). Während des Transportes wurde die Spornfeststellung beschädigt, Sporn war nicht entriegelt. Feststellung ist ausgebaut, Ersatz wird angefordert.
Es wurden mehrere Werkstattflüge durchgeführt, wobei die Endbegrenzungsschalter eingestellt wurden. Das Flugzeug ist seit 3. 3. 43 flugklar und hat bisher eine Gesamtflugzeit von 386 Stunden.

Ju 90, W.Nr. 4920, Kennzeichen: DJ + YE

Nach der Erfüllung des Flugauftrages kehrte das Flugzeug am 21. 2. 43 vom Osteinsatz zurück.
Beanstandungen: In der Tz-Unterhaut am Träger II wurde ein Riß von 50 cm Länge festgestellt. Ursache: Schwingungsbruch. Kleinere Beschußschäden in der Tz-Oberhaut, Brandspant und Rumpfmitte. Die 50 Std.M.-Kontrolle[1]) wurde durchgeführt.
Nach Aussagen des Flugzeugführers sollen Niete in den Trägern an den Kugelpfannen gearbeitet haben. Diese Beanstandung wurde in Italien von Dipl.-Ing. Gast angedeutet, doch die Statik/ H. Eikele fand diese Beanstandung unzureichend.
Von der Feprü wurde s. Zt. eine Spionkontrolle durchgeführt, die Werte lagen in den üblichen Toleranzen. Einige Stichproben an den betreffenden Stellen wurden durchgeführt, die keine Änderung zeigten. Nach einer Mitteilung vom FSD-Statik soll eine Überprüfung der Gurtstöße an der Höhenflosse nach 50 Flugstunden erfolgen. Hierzu müssen die Nasenkappen und Rumpfverkleidungen entfernt werden. Es wurden keine Veränderungen an den Gurtstößen, Trägern sowie Rippen festgestellt. An dem linken Höhenflossenlager hatte sich die Kugelschalenringverschraubung um ca. 3 Gänge gelöst. Die Ringschraubung ist durch Körnerschlag gesichert. Diese Art von Sicherung ist unzureichwend. Das Lösen der Ringverschraubung wurde an der V7 2× – ebenfalls die linke Seite – und V8 1× festgestellt. Vom Kobü ist sofort eine andere Art von Sicherung vorzusehen. Von der Feprü wurde diese Beanstandung dem Kobü vor einiger Zeit zur Kenntnis gegeben. Es ist nicht zu empfehlen, daß die Nasenkappen der Höhenflosse nach 50 Flugstunden ab- und angeschraubt werden; dadurch entsteht ein allzugroßer Verschleiß an den Annietmuttern und den Spreizbuchsen. Hierbei wird ein großer Teil der Annietmuttern und Buchsen Ausschuß. Ich bitte der Statik das mitzuteilen.
Das Flugzeug ist am 4. 3. 43 flugklar. Die Gesamtflugzeit beträgt 348 Stunden.

Ju 290, W.Nr. 0152, Kennzeichen: SB + QB

Das Flugzeug war wegen Landeklappenschaden und kleinerer Reparaturen flugunklar. Nach Anbau von neuen Landeklappen war das Flugzeug am 20. 2. 43 flugklar. Hierzu ist zu meinem Bericht vom 21. 2. 43 folgendes zu berichten: Zu Punkt Triebwerksverkleidung: Nicht die

Die Ju 90 V-8 in Berlin-Tempelhof bei der Fahrwerksreparatur. 22. Februar 1943. Foto: Sammlung Müller

Haken sind die Ursache gewesen, sondern die Klappenscharniere, welche des öfteren eingerissen sind und stärker ausgeführt werden müssen. Ich bitte das Kobü davon in Kenntnis setzen zu wollen.
Durch Ausfall der Ju 90 V-7 flog die Ju 290/152 nach Kertsch, von wo dieselbe am 27. 2. 43 zurückkehrte.
Beanstandungen: Auf der Tf-Oberhaut[2]) zeigen sich Risse hinter Träger II und an der Hinterkante, sowie an den Kraftstoff-Behälterraumklappen.
Gesamtflugzeit bis zum 3. 3. 43 ca. 96 Flugstunden.

Ju 290, W.Nr. 0154, Kennzeichen SB + QD

Hiermit möchte ich Ihnen folgenden Vorfall zur Kenntnis geben. Die Ju 290/154 wurde nach einigen Werkstattflügen in Dessau am 18. 2. 43 nach Tempelhof überführt. In Dessau wurde vor dem Start eine Flugsicherheitskontrolle durchgeführt. Das Flugzeug wurde am 19. 2. 43 in Tempelhof entladen und bis zum 20. 2. abgestellt, wo es am selben Tage nach Rechlin flog. Am 21. 2. 43 ist in Rechlin ein Prüfer an den Bordwart herangetreten mit der Bitte, sich das Flugzeug auch im Rumpfende anzusehen, wo er nach kurzer Zeit den Bordwart auf das Fehlen einer Kronmutter an der Stoßstange im Höhenrudergestänge aufmerksam machte. Es konnte sofort festgestellt werden, daß an der Kronmutter noch Reste von Siegelpaste vorhanden war, welches das Zeichen ist, daß nach dem Versplinten die Mutter gesiegelt wurde. Nach Rücksprache mit der Besatzung von Herrn Hptm. Braun und Bordwart Züge, ist in den 2 Tagen, wo das Flugzeug in Tempelhof abgestellt war, nicht an der Steuerung gearbeitet worden. Eine Erklärung an den Vorfall kann nur in Rechlin als Sabotage zu erklären sein.
Allgemeine Beanstandungen: In allen Ju 290 Flugzeugen ist von Spant 15 bis 17 ein abschließbarer Raum für die Unterbringung von Bekleidungsstücken vorzusehen. In den Flugzeugen Ju 90 V-7, V-8, Ju 290/152 ist die Abschottung nur provisorisch und unzureichend ausgeführt. Es ist daher eine vorschriftsmäßige Abschottung vom Kobü vorzusehen und nachträglich an allen Ju 290 Flugzeugen durchzuführen. Daß diese Forderung berechtigt ist, zeigt uns jeder Tag in den Flugzeugen, wo im Re[3]) über der Steuerung Kleidungsstücke und andere Gegenstände hängen, die eine Blockierungsgefahr der Steuerung bilden.
Die Zugängigkeit hinter dem Brandspant der Innenmotore ist durch den Einbau der Heizungs- und Enteisungsrohre verbaut. Um ein schnelles Ausbauen der Rohre zu ermöglichen, sind an den Trennstellen Schnellverschlüsse anzubringen. Dieser Vorschlag wurde dem Kobü vor längerer Zeit mitgeteilt.
Die neue Einlegbrücke der Trapoklappe zeigt folgende Fehler auf: Bei eingelegter Brücke darf kein allzugroßer Zwischenraum zwischen der Brücke und Klappe sein, da beim Transport von Lasten mit Kleinrädern dieselben in den Lücken hängen bleiben (solch ein Vorfall ist beim Verladen von BMW 801-Triebwerken an Ju 290/154 vorgekommen).
Ich bitte hiervon das Kobü in Kenntnis setzen zu wollen.

Mit bestem Gruß
Ihr
Fritz Müller

Anlage: 1 Erfahrungsbericht der Lufttransportstaffel 290

1) M.-Kontrolle – Motor-Kontrolle
2) Tf-Oberhaut – Tragflächen-Oberhaut
3) Re – Rumpfende

Lufttransportstaffel 290
Hauptmann Braun
Staffelkapitän
Berlin-Tempelhof, den 4. 3. 1943

Erfahrungsbericht
über Kurssteuerung Ju 290

Die zur Zeit eingebaute Kurssteuerung (P.K.S.)[1]) ist in ihrer jetzigen Ausführung für Ju 290 nicht voll geeignet.

1.) Während des Geradeausflugs ist auch ohne ein Böen-Einfluß ein ständiges Arbeiten (ganz leichtes Trampeln) der Rudermaschine bemerkbar.

2.) Das Einleiten der Kurve und das Herausnehmen bringt sehr große Schwierigkeiten mit sich. Die Kurssteuerung arbeitet bei Betätigung des Kursgebers sofort mit der geforderten Winkelgeschwindigkeit von 2 Grad pro Sekunde, welches beim Einleiten eine überaus große Querlage bedingt. Diese bedingt zuerst einen sehr großen Querruderausschlag, der dann verhältnismäßig wieder stark zurückgenommen werden muß. In der Praxis wurden die Kurven wie folgt geflogen:
Geradeausflug mit Kurssteuerung, Ausschalten der Kurssteuerung, Einleiten der Kurve von Hand eingeschaltetem Kursgeber. Bei einer Wendezeigerbreite: Ausschlag mit Kugel in der Mitte – Wiedereinschalten der Rudermaschine. Unter diesen Umständen ist dann eine Kurve mit normaler Schräglage ausführbar, jedoch ist hierbei auch ein ziemlich starkes Arbeiten der Kurssteuerung sowie eine wechselnde Drehgeschwindigkeit bemerkbar. Das Herausnehmen aus der Kurve erfolgt genau wie das Einleiten durch Ausschalten der Rudermaschine.

3.) Schwierigkeiten bereitet nach einer Kurve, einen vorher festgelegten Kurs einzusteuern, da die vorhandene Führertochter bis zu 3 Grad nachläuft bzw. überdreht, so daß ein sauberer Kurs nur durch öftere Korrekturen ermöglicht wird.

Vorgeschlagen wird zur Verbesserung der jetzigen Anlage:

a) den Kursgeber so zu verschalten, daß bei 1. Stellung 1 Grad und 2. Stellung 2 Grad Winkelgeschwindigkeit eingestellt werden kann.
b) die Führertochter so zu verschalten, daß eine genaue Einstellung des zu fliegenden Kurses möglich ist.

Hauptmann Braun

1) P.K.S. – Kurssteuerungsanlage der Berliner Firma Patin

Junkers-Großflugzeuge im Einsatz bei der LTS 290

Auf dem nordafrikanischen Kriegsschauplatz war die Niederlage des Afrikakorps nicht mehr aufzuhalten. Im März 1942 gingen die Briten zur Offensive über und zwangen das Korps zum verlustreichen Rückzug. Anfang Mai drängten die Alliierten Rommels Truppen auf einem Brückenkopf in Nordtunesien zusammen, dessen Luftversorgung über Tunis und Bizerte sichergestellt wurde. Der Gegner beherrschte jedoch den Luftraum völlig, und Mitte Mai kapitulierten die deutsch-italienischen Truppen mit über 252 000 Mann. Nach gründlicher Vorbereitung nahmen die Alliierten dann im August Sizilien ein, und im September 1943 begann die Offensive in Süditalien. An der Ostfront hatten die deutschen Truppen bereits im Sommer 1943 die Schlacht bei Kursk verloren.

Ende März beziehungsweise Anfang April 1943 verlegte die LTS 290 nach Grosseto in Mittelitalien, etwa 150 Kilometer nordwestlich Roms, und wurde dem Oberbefehlshaber Süd, Generalfeldmarschall Kesselring, unterstellt. Die Staffel setzte sich aus den Ju 90 V-4, V-7, V-8, der Ju 290/152 und der /154 sowie aus vier Ju 90 der Kleinreihe zusammen. Am 30. April 1943 betrug der Ist-Bestand der Ju 90-Typen sieben Flugzeuge. Je eine Ju 90 wurde noch im Mai beziehungsweise im Juni der Staffel zugeführt.

Von Grosseto aus erfolgten Luftversorgungseinsätze nach Tunis in Nordafrika, nach Sizilien, Sardinien, Korsika und Griechenland. Aus Gründen des gegenseitigen Feuerschutzes flogen die Großtransporter geschlossen im Verband, gesondert jedoch die langsameren Ju 90 der Kleinreihe. Zu diesem Zeitpunkt war die Lage für das Afrikakorps bereits hoffnungslos geworden. Die Landung der Alliierten in Marokko sowie in Algerien brachte für das Korps eine neue Bedrohung und für uns

Ju 90 V-8 (DJ+YE) beim Beladen in Grosseto. April 1943. Foto: Sammlung Müller

Ju 90 V-8 bei Entladearbeiten in Grosseto. April 1943. Foto: Sammlung Müller190

Ju 90 V-7 in Grosseto startklar zum Flug nach Nordafrika. April 1943. Foto: Sammlung Müller

Die Ju 90 V-7 mit neuem Kennzeichen J4+CH bei der Beladung. Foto: Sammlung Müller

Reparatur der Trapo-Klappe an der V-8 in Pisa. Mai 1943. Foto: Sammlung Müller

Fritz Müller (an der Gangway) betreute auch die einzige Ju 252 (V-5), J4+LH, der Staffel im April 1943 in Grosseto. Foto: Sammlung Müller

eine Gefährdung der Zielflughäfen Bizerte und Tunis. Unsere Verluste stiegen schlagartig an.

Den ersten Abgang verzeichnete die LTS 290 am 7. April 1943. Die Ju 290/152 (SB+QB) unter Major Wiskandt streifte bei der Landung in Tunis ein durch hohes Gras verdecktes Bahngleis, wobei das linke Fahrwerk beschädigt wurde. Das Flugzeug fiel nach links, die linke Fläche hatte Bodenberührung, wodurch der Querruder-Ausleger und alle Luftschraubenblätter abbrachen. Gegnerische Lufteinwirkung verhinderte die Instandsetzungsversuche, lediglich wichtige Teile konnten ausgeschlachtet und geborgen werden.

Einen Monat später ereilte die Ju 290/154 ein ähnliches Schicksal bei Bizerte. Am 1. Mai 1943 fuhr die J4+AH unter Hauptmann Vogel bei der Nachtlandung auf einen Bahndamm und erlitt Fahrwerksbruch. Eine Reparatur war auch hier aussichtslos. Die Maschine diente fortan der LTS als Ersatzteilspender und wurde dann gesprengt. Damit standen beide Ju 290 auf der Verlustliste.

Wenige Tage vorher ging die Ju 252 V-5 (J4+LH) verloren, die erst am 9. April in Grosseto eingetroffen war. Am 24. April 1943 erlitt sie nach nur 15 Einsatztagen einen nicht zu behebenden Schaden am Fahrwerk: Oberleutnant Wasserkampf, seit April Staffel-TO, hatte vor dem Start bemerkt, daß die Bremsen nicht ansprachen und versuchte daraufhin durch Vollgas mit dem rechten Motor nach links zu rollen, worauf er in einen Graben geriet. Noch bevor die Bergungsarbeiten abgeschlossen werden konnten, kollidierte eine notgelandete Ju 88 mit der V-5, so daß sie abgewrackt werden mußte. Brauchbare Teile wurden noch demontiert und später nach Dessau geschickt, doch auch das verursachte Schwierigkeiten, da wir trotz mehrfacher Anforderung noch immer keine Spezialwerkzeuge erhalten hatten.

Am 12. Mai 1943 kapitulierte das im Brückenkopf von Tunis eingeschlossene Korps, und die Kämpfe in Nordafrika fanden ihr Ende. Die LTS 290 wurde nun vorrangig zur Luftversorgung der Truppen auf

Nachdem die Ju 252 V-5 infolge eines Rollschadens im April 1943 zerlegt werden mußte, zerstörte sie eine notgelandete Ju 88 im Mai 1943 endgültig. Beachte das Staffelemblem »Kohlenklau«. Foto: Sammlung Müller

Blick über die geöffnete Trapo-Klappe in den Laderaum der havarierten Ju 290/154. Mai 1943. Foto: Sammlung Petrick

Sizilien über den Flugplatz Castel Vetrano eingesetzt, jedoch nur bis Mitte Juni, denn dann begann die Angriffsoperation der Alliierten auf Sizilien, während unsere Luftherrschaft schon im Mai verlorengegangen war. Unsere Arbeit wurde immer schwieriger, mangelnde Ersatzteilversorgung und schlechte Ausbildung des technischen Personals taten ein Übriges zu dieser Situation.

Die Alliierten begannen die Flugplätze aus der Luft anzugreifen, zunächst ohne erhebliche Verluste unsererseits. Doch am 20. Mai führten sie einen Großangriff auf Grosseto, und hohe Verluste waren zu beklagen.

An diesem Tage arbeitete ein Bergungskommando an der Ju 252 V-5, um nach der Demontage die reparaturfähigen Teile nach Deutschland zu schicken. Alle anderen, das Bodenpersonal der Staffel und die Spezialisten der Ifa und BMW, hatten wegen der großen Hitze auf dem Flugplatz eine Pause von 11.00 Uhr bis 16.00 Uhr. Danach sollten die Arbeiten bis zur Dunkelheit fortgesetzt werden. Wir hatten uns in der Baracke auf die Betten gelegt, doch eine innere Unruhe veranlaßte mich wenig später, zum Bergungstrupp zu gehen, um zu sehen, wie weit die Arbeiten fortgeschritten waren.

Ein Soldat war dabei, die Lagerung der Höhenflosse zu lösen, und ich half ihm, indem ich mit einem Schraubenschlüssel die Schraube von außen festhielt. Plötzlich hörte ich das Brummen von Flugzeugen und sah auch schon über den Baracken die Wolken von Bombenwürfen, die wie eine Pappelallee aussahen. Die Flugzeuge nahmen Kurs auf die Werft und den Flugplatz, wo weitere Bomben fielen. Ich rief »raus aus dem Rumpf! Fliegeralarm!« und lief in Richtung des Wassergrabens, wo ich unter einer kleinen Brücke Schutz gegen die Splitter und Erdbrocken fand. Der Soldat wurde durch eine Druckwelle ebenfalls in den Graben geschleudert, blieb aber unverletzt. Als die letzten Flugzeuge über uns hinweggeflogen waren, lief ich zum Flugplatz. Hier lagen viele Tote und Verletzte, und vor meinen Augen erschoß sich ein Offizier mit seiner Dienstpistole – ihm war ein Bein abgerissen worden. Die Tore der Werfthalle waren zum Teil herausgerissen und auf die Flüchtenden der Werft gefallen. Es brannte überall, auch das Barackenlager brannte völlig aus. Wir liefen zu den Splitterschutzgräben, wo schon Soldaten die Erdwälle mit den Händen durchwühlten, um nach verschütteten Kameraden zu suchen. Es fehlte an Schaufeln und Brechstangen, um die Erdmassen und Holzstämme wegzuräumen. Wir beteiligten uns sofort an den Rettungsmaßnahmen und machten Wiederbelebungsversuche an den Geretteten, doch die meisten Soldaten, die länger als zehn Minuten verschüttet waren, konnten nicht mehr wiederbelebt werden.

Alle Toten wurden in die Nähe der Garagen gebracht und ein Teil von ihnen später in Kisten gelegt, da es keine Särge gab. Am nächsten Tag fand die Beerdigung der Bombenopfer auf dem Friedhof von Grosseto statt. Die meisten Leichen konnten nur in Tücher und Decken gehüllt beerdigt werden.

Die Flugplatzanlagen erlitten bei diesem Bombenangriff starke Zerstörungen, und die Ju 90/003 (J4+FH) wurde durch einen Bombentreffer am Boden zerstört. In diesen Tagen mußten wir auch noch verschärfte Fremdkörperkontrollen durchführen: Eine Heinkel He 111, die in Grosseto zwischengelandet war, sollte nach

Fritz Müller am Feldfernsprecher (auf dem Betonklotz) auf dem am 20. Mai 1943 von Bomben zerstörten Flugplatz Grosseto, um die Bergungs- und Aufräumarbeiten zu koordinieren. Foto: Sammlung Müller

Die Ju 90/003 nach einem Bombentreffer in Grosseto. 20. Mai 1943. Foto: Sammlung Müller

Beisetzung der Opfer des Bombenangriffs auf dem Friedhof von Grosseto. Foto: Sammlung Müller

Deutschland zurückfliegen, mußte aber wegen schlechten Wetters in Pisa landen. Als die Besatzung dort die Maschine verlassen hatte, explodierte plötzlich die linke Tragfläche. Später stellte man fest, daß der Sprengkörper bei uns in Grosseto angebracht worden war.

Ab Mitte Juni begann die Auflösung der LTS 290, indem man Fachkräfte zur Fernaufklärungsgruppe 5 nach Südfrankreich abzog. Man hatte Ersatz zugesagt, und bis zum Eintreffen dieses Personals konnte man nicht auf die Junkers-Fachleute verzichten. Seitdem war ich für die Betreuung aller Junkers-Flugzeuge der LTS 290 verantwortlich. Auch Hauptmann Braun wurde abversetzt. Die Staffel übernahm der TO, Oberleutnant Wasserkampf. Nach Beginn der alliierten Offensive zur Einnahme von Sizilien hatte die LTS 290 die Luftversorgung der Truppen auf Sardinien und Korsika sicherzustellen. Dazu standen der Staffel noch acht Ju 90 zur Verfügung. Die absolute Luftherrschaft des Gegners machte jedoch die Einzeleinsätze zu selbstmörderischen Unternehmen. Am 23. Juli dezimierte der Verlust einer weiteren Ju 90 den Bestand der Staffel: Die 007 (J4 + JH) machte unter Führung von Oberfeldwebel Boldt infolge von Beschußschäden bei Bastia/Korsika eine Notlandung auf dem Wasser. Anschließende Bergungsversuche blieben erfolglos. Am 19. August wurde in Ciampino beim Start die Ju 90 V-8 (J4 + BH) unter Führung von Oberfeldwebel Boldt durch Steinschlag an der Luftschraube beschädigt, wobei durch Unwucht des Propellers der Motor herausbrach und die Maschine beim Landen in einen Bombentrichter rollte – zusätzlich also noch Schaden am Fahrwerk. Reparaturversuche scheiterten an den großen Schwierigkeiten, die uns die gegnerische Lufteinwirkung bereitete, so daß wir die V-8 aufgeben mußten und sie schließlich demontierten.

Im September 1943 begann die Verlegung der Staffel nach Mühldorf (b. München), die Ende des Monats abgeschlossen wurde. Die LTS 290 erhielt nunmehr die Bezeichnung Transportfliegerstaffel 5.

Staffelkapitän/LTS 290 Hauptmann Heinz Braun in Grosseto. Beachte das Staffelemblem am Dienst-PKW. Juni 1943.
Foto: Sammlung Müller

Lufttransportstaffel 290
Hauptmann Braun
Staffelkapitän

Grosseto, den 1. 5. 1943

Erfahrungsbericht
über die Bewaffnung
der Ju 90 / Ju 290

Dieser Bericht erstreckt sich auf die vom 1. 2.–30. 4. 43 gemachten Erfahrungen mit der Bewaffnung der Ju 90 V-7, V-8 sowie Ju 290, W.Nr. 0152 und 0154. Da in der Berichtszeit keine Feindberührung aufgetreten war, konnten nachfolgend aufgeführte Beanstandungen an den Waffen bzw. am Einbau lediglich bei gelegentlichen Schießflügen und bei Abgabe von Probeschüssen zwecks Überprüfung der Waffenanlage festgestellt werden.

1. B-Strand mit MG 151/20 in HD 151:[1])
Bei einem HD 151, an dem der Einbau eines zusätzlichen Einschaltschützes für den Antriebsmotor, TAGL 886/42, durchgeführt war, fiel trotzdem der elektrische Antrieb aus. Nachdem ein Schaltschütz SoM 113/5z ausgewechselt war, fiel der elektrische Antrieb nach kurzer Betriebsdauer abermals aus. Die Störungsursache konnte diesmal im Schaltschütz nicht liegen, da beim Einschalten des Motorschalthebels das Schütz hörbar anzog, ohne daß jedoch der Elektromotor anlief. Da bei demselben HD 151 gleichzeitig die Rücklaufeinrichtung nach dem Schießen nur zur Hälfte zurückging, so daß die Laufsicherung für den Ausbau des Laufes nicht betätigt werden konnte, wurde der HD 151 gelegentlich von Überholungsarbeiten am Flugzeug in Berlin ausgewechselt.
Während normalerweise die Sicht aus dem HD 151 sehr gut ist, macht sich beim Nachteinsatz die Blendwirkung durch die Abgasflammen an den gekrümmten Scheiben des HD 151 sehr störend bemerkbar. Hinzu kommt als weitere Blendung der Lichtschein aus dem mangelhaft abgedichteten REVI E 2a[2]). Behelfsmäßig konnte diese Sichtbehinderung durch Verkleben beseitigt werden. Schließlich ist das Abkommen des REVI E 2a selbst bei Einstellung der geringsten Helligkeit für Nachteinsatz noch zu hell. Das Schußsperrfeld im wichtigsten Schußbereich zwischen dem Seitenleitwerk ist untragbar groß. Der Abfeuerungsstromkreis wird beiderseits etwa 1,5 m vor dem Seitenleitwerk bereits unterbrochen. In der Höhe wird der Abfeuerungsstromkreis bereits bei plus 5 Grad abgeschaltet, so daß normalerweise ein Gegner, der sich hinter die Ju 290 gesetzt hat, vom B-Stand aus nicht bekämpft werden kann. Die Höhenjustierung der Schußsperrtrommel wurde von der Staffel so geändert, daß ein Schießen bis 0 Grad, d. h. parallel zum Flugzeugrumpf möglich war, wobei bewußt in Kauf genommen wurde, daß gleichzeitig die Richtsperre dejustiert wurde, so daß bei Unachtsamkeit eine Beschädigung des Rumpfes durch den Lauf auftreten kann. Der Gurtzug im HD 151 war selbst bei sorgfältig eingelegtem Vollgurt mitunter so hoch, daß sich einzelne Gurtglieder aufweiteten, so daß die einzelnen eingelegten Patronen verrutschten und zu Hemmungen Anlaß gaben. Zur Verwendung gelangten im HD 151 durchweg neue Gurtglieder.

2. Heckstand mit MG 151/20 in Lafette 151/4:
Die mit der Ju 290 durchgeführten Einsätze wurden durchweg im Tiefflug durchgeführt, so daß Angriffe durch feindliche Jäger in der Hauptsache von schräg oben zu erwarten waren. Für die Abwehr nach oben ist aber das Schußfeld der Hecklafette zu gering. Der vom Gurtkanalaustritt an der Decke des Heckstandes zur Waffe freihängende Vollgurt deckt bei nach Steuerbord geschwenkter Waffe das Visier vollständig ab. In dieser Stellung ist ein Zielen unmöglich. Außerdem wird der Gurt durch sein Eigengewicht bei Start und Landung infolge der dabei auftretenden Beschleunigungen aus dem Vollgurtkasten gezogen, wobei sich der abgelaufene Teil des Vollgurtes am Boden des Heckstandes neben der Waffe staut. Durch Einbau einer federnden Gurtbremse am Kanalausbruch würde das Abrutschen des Gurtes vermieden werden. Infolge des beim Start aufgewirbelten

Staubes verdreckt die Waffe im Heckstand sehr stark. Durch den eingedrungenen Staub setzte sich in einem Falle der Abzugsriegel der Waffe fest, so daß der Verschluß nicht mehr gefangen wurde. Bei Überprüfung der Waffenanlage lud in einem Falle die Waffe mehrmals sofort wieder durch, bevor noch der Abfeuerungsknopf losgelassen wurde. Nach kräftigem Rütteln am SVK 1/151[3]) arbeitete die Anlage wieder normal. Es ist anzunehmen, daß das Verzögerungsgeschütz in SVK 1/151 klebte. Von den im B-Stand und Heckstand eingesetzten MG 151 mußten in 5 Fällen die ED[4]) ausgewechselt werden.

3. C-Stand mit MG 81 Z in WL 81/3:[5]) Da die Gurtkästen nicht abgenommen werden können, muß der Vollgurt im Innern des C-Standes eingelegt werden. Bei den engen Raumverhältnissen ist daher ein einwandfreies Einlegen des Gurtes kaum möglich. Die Glieder des Gurtzuführungsschlauches 81 (Tatzelwurm) wiesen nach kürzester Zeit Beschädigungen auf, da entgegen der erlassenen Vorschriften noch immer der Leichtmetallschlauch statt des Stahlschlauches eingesetzt ist.

Hauptmann und Staffelkapitän

/ Braun /

1) HD – Hydraulischer Drehring mit MG 151 (erste Ausführung groß)
2) REVI – Reflexvisier
3) SVK – Schaltverteilerkasten für ein MG 151
4) ED – elektrische Durchladung
5) WL – Waffenlafette

Lufttransportstaffel 290
Fritz Müller
Flugzeugprüfer

Grosseto, den 5. 5. 1943

Betrifft: **Einsatzerfahrungen**
Ju 290 und Ju 252

Hiermit möchte ich Ihnen einige Vorkommnisse mitteilen, die hier unsere Aufgaben bei der Staffel besonders erschweren. Die Ausbildung des Bodenpersonals ist nicht die beste, es kommen Tag für Tag Fehler vor, die kaum zu entschuldigen sind. Ich möchte nur einige Fälle anführen.

1.) *In meiner Abwesenheit (Sizilien Ju 252) wurde ein Ölbehälter gewechselt. Dabei wurde die Vor- und Rücklaufleitung verwechselt und der Motor angelassen. Der Erfolg war: Fresser im Hauptlager. Solch ähnlicher Fall war in Berlin von mir nach einem Behälterwechsel festgestellt worden.*
2.) *Durch Verdrehen des Radanschlages für Luftschrauben-Segelstellung, welches von den zuständigen Luftschrauben-Spezialisten ausgeführt worden war, stand die Schraube auf Druck um 180 Grad verdreht.*
3.) *Falsches Anlassen und Abstellen der Motoren an Ju 290/154 und Ju 252 V-5.*
4.) *Beim Wechseln der Laufräder der Ju 252 ist es mehrmalig vorgekommen, daß trotz der angegebenen Pfeilrichtung die Bremsscheiben falsch eingebaut wurden.*
5.) *Motorlauf ohne Ölbehälter!*
6.) *Es wurden uns vom Bordpersonal Ju 290/154 Beanstandungen über keine Entnahme von Brennstoff aus den Zusatzbehältern mitgeteilt. Bei der Prüfung ergab sich, daß die Anlage in Ordnung war.*
7.) *Bei Filterkontrollen wurden verschiedene Filter falsch eingebaut sowie Dichtringe vergessen.*
8.) *Bei Behebung von Beanstandungen an der elektrischen Anlage kommen die tollsten Dinge vor, so daß fast alle Arbeiten von Flugzeug-Elektriker Fink/FSD ausgeführt werden.*
9.) *Bei einem Luftschraubenwechsel hatte der Spezialist trotz wiederholter Aufforderung, das Gewinde richtig zu reinigen, dies nicht ausgeführt. Ein Gewindefresser war der Erfolg.*

Es ist fast unmöglich, die kleineren Fälle, die täglich passieren, zu beschreiben. Man kann nur von früh bis abends spät,

Fritz Müller an einem MG in der Fensterlafette einer Ju 90 der Kleinserie während eines Fluges nach Libyen. Foto: Sammlung Müller

ja fast alle Tage bis in die Nacht hinein dabei stehen, um die auszuführenden Arbeiten richtig zu überwachen. Der Grund liegt darin, daß bisher die Arbeit von anderen Soldaten ausgeführt wurde, obwohl wir die verantwortlichen Personen auf diesen Fehler aufmerksam gemacht haben, sich Personal nicht zu schulen.
Es ist so, daß ein Flugzeug am Tage in Wartung steht und die übrigen Maschinen am Abend zurückkehren und über Nacht wieder flugklar gemacht werden müssen.

Bearbeiter: Flugzeugprüfer Müller
FSD – Fertigungsprüfung

Anlage: Ein Erfahrungsbericht der Lufttransportstaffel 290

Verteiler:
FTV/H. Kindler
Fp.-Ltg./H. Herzog
Fp.-II
Fp.-Baumuster
Fp.-Akte

Diese Aufnahme der Ju 90/009 machte Fritz Müller aus der Ju 90/005 während eines Fluges nach Sardinien. Juni 1943. Foto: Sammlung Müller

Verteiler: Lufttransportstaffel 290
Hauptmann Braun
Staffelkapitän

Grosseto, den 7. 5. 1943

Erfahrungsbericht
über Nachteinsatz der Ju 290

I. a) Beim Nachteinsatz mit der Ju 290 hat sich gezeigt, daß unbedingt eine Flammenvernichteranlage angebracht werden muß. Die Flammenbildung an den Strahldüsen ist etwa 1 m lang und so stark, daß der Flugzeugführer durch die auftretende Helligkeit in der Kanzel geblendet wird. Ebenso ist die Sicht aus dem B-Stand in HD 151 dadurch stark beeinträchtigt. Vorgeschlagen werden die Kegelsterndüsen, die bei Fa. BMW München von Stabs-Ing. Dr. Tonn entwickelt wurden. Die bei der Do 217 angebrachte Fla-V-Anlage[1]) für den Atlantikeinsatz kommt nicht in Frage, da durch den Anbau der Blendschirme ein Fahrtverlust eintritt, der eine Reichweitenverminderung von 500–600 km zur Folge hat. Wenn auch die Kegelsterndüsen die Abgasflammen nicht völlig unsichtbar machen, so erscheinen sie doch günstiger, weil sie:

1) praktisch keinen Fahrtverlust ausmachen und

2) lediglich genau von einem dahinter liegenden Nachtjäger eingesehen werden können.

b) Die Anordnung der gewölbten Plexiglasscheiben im Führerraum bringt am Tage für den Flugzeugführer eine gute Sicht und wirkt sich aerodynamisch günstig aus. Jedoch beeinträchtigt sie beim Nachtflug die Sicht nach außen sehr stark, und zwar tritt in den Doppelscheiben im Blickfeld des 1. und 2. Flugzeugführers ein grauer Schein auf, der von den oben erwähnten Abgasflammen hervorgerufen wird. Außerdem spiegeln sich in den Scheiben sämtliche Instrumente und beleuchtete Anzeigegeräte (12 Lampengeräte). Es besteht die Möglichkeit, daß diese Spiegelung bei besserer Anbringung der UV-Leuchten[2]) weniger erscheint. Jedoch wird sie, da sie auch am Tage bei schlechter Sicht schon auftritt, bei den gewölbten Scheiben immer vorhanden sein und auch immer beim Nachtflug eine Erschwerung für den Flugzeugführer gerade beim Start- und Landevorgang bringen.

II. Die im Erfahrungsbericht vom Monat April auftretenden Beanstandungen im Höhenruder treten im Nachtflug besonders stark zutage. Da bei den im Punkt I erwähnten schlechten Sichtverhältnissen nach außen im Nachtflug ein reiner Instrumentenflug gemacht werden muß, ist es nicht immer möglich, die Ruderkräfte im Höhenruder sofort wegzutrimmen, sondern sie müssen mit der Hand ausgeglichen werden, wodurch die dann bekannten Flattererscheinungen im Höhenruder hervorgerufen werden. Für den Einsatz als Fernerkunder können, um die Serienausbringung nicht zu verzögern, die ersten Flugzeuge mit den vorhandenen Höhenrudern bei Einbau einer Dämpferstrebe eingesetzt werden, da beim Start eine ständig gleiche Beladung des Flugzeuges vorhanden ist, und die Landung in den meisten Fällen mit dem leeren Flugzeug und auf den für den Flugzeugführer bekannten Flugplätzen erfolgt.

Hauptmann und Staffelkapitän

/ Braun /

1) Fla-V-Anlage – Flammenvernichteranlage
2) UV-Leuchten – Ultraviolett-Leuchten

Lufttransportstaffel 290
Müller, Fritz
Flugzeugprüfer
O. U., den 15. Juni 1943

Erfahrungsbericht

Betr.: Ju 90 V-4 mit
ETW 1007 F-1-Triebwerken[1])

Die Ju 90 V-4, W.Nr. 4916, hat nach ihrem Umbau auf ETW 1007 F-1 bei der Lufttransportstaffel eine Gesamtflugzeit von 331 Stunden erreicht. Über die allgemeine Beurteilung des Flugzeuges sowie seine Leistungen ist zu sagen, daß sie gut bewertet werden. Die Ju 90 V-4 wird z. Zt. für den Nachschub nach Sardinien sowie andere Flugstrecken im Süden eingesetzt. Die Flüge werden mit einer Durchschnittslast von 4–5 t durchgeführt, so daß die Leistungen der anderen Kleinserien-Flugzeuge bedeutend zurückliegen.
Hiermit möchte ich einige Beanstandungen, die des öfteren an den Triebwerken und der Hydraulik auftreten, bekanntgeben. Es sind zum Teil dem Kobü bekannte Beanstandungen, die aber immer wieder auftreten, ohne daß eine grundlegende Änderung erfolgte. Von der DLH[2]) wurde schon vor längerer Zeit dem Kobü mitgeteilt, daß bei der Landung, nachdem das Fahrwerk ausgefahren ist und die Signalanzeige brennt, erst beim Auffüllen des Druckspeichers das Fahrwerk entriegelt, obwohl der Drehsteuerschalter für Fahrwerk in Nullstellung steht. Dieser Vorgang kann, wenn nicht Abhilfe getroffen wird, den Verlust von Besatzung oder des Flugzeugs zur Folge haben. Diese Beanstandung ist an allen Kleinserien-Flugzeugen zu berücksichtigen.

Triebwerksbeanstandungen:
1) *Es ist in 3 Fällen die Ölleitung vom Regler zum Spaltfilter an den Konusstutzen gebrochen.*
2) *An der vorderen Kühlring-Halterung ist die Befestigungsschraube an dem Strahldüsenkasten gebrochen, so daß der gesamte Kühlring an der Luftschraube scheuerte.*
3) *Es muß geklärt werden, ob der elektrische Kühlstoffablaß eingebaut bleiben soll oder nicht. An sämtlichen Triebwerken war derselbe nicht angeschlossen. Teile, die nicht gebraucht werden, müßten unbedingt ausgebaut werden.*
4) *Triebwerks-Klappenverschlüsse geben zu andauernden Beanstandungen Anlaß: Die großen Verschlußklappen reißen am Scharnier ein und gehen dadurch verloren. Der kleine Verschluß ist nach kurzer Betriebszeit ausgeschlagen; die große Klappe öffnet sich dadurch und bricht ab. Verschiedene Hakenverschlüsse können*

Flugzeugführer Oberfeldwebel Niedermaier (Ju 90/009, J4+KH, 3. v. l.) und Fritz Müller (4. v. l.) sowie Staffelangehörige auf Sardinien. Juni 1943. Foto: Sammlung Müller

Flugzeugführer Oberfeldwebel Liesche (2. v. l.) und Fritz Müller (sitzend) vor der Ju 90/005, J4+GH, in Olbia/Sardinien. Sommer 1943. Foto: Sammlung Müller

in geöffnetem Zustand nur mit dem Schraubenzieher geöffnet werden (Verschluß hinfällig).

5) *Kühleraufhängung am Unterteil des Lagerungsschildes gebrochen. Dadurch Kühler lose. Bruch ist nach 75 Stunden Betriebszeit aufgetreten. Verstärkung der Lagerung wäre angebracht.*

Flugzeugprüfer Müller
FSD – Fertigungsprüfung

1) ETW – Einheitstriebwerk
2) DLH – Deutsche Lufthansa

Flugzeugprüfer Fritz Müller
München, den 4. 9. 43

Erfahrungsbericht
während des Sondereinsatzes der Ju 90 V-7, V-8, 290/152/154

Die Leistung der Ju 90 und Ju 290-Flugzeuge ist allgemein beim OBS[1]) anerkannt worden, jedoch kann man von den Flugzeugen noch höhere Leistungen erwarten, wenn man noch folgende Angaben berücksichtigt:

1. Das Startklarhalten solcher großer viermotoriger Flugzeuge erfordert eine größere Anzahl gut ausgebildeten Personals, das in allen Fächern mit dem Flugzeug vertraut ist. Es wäre daher angebracht, daß die Staffel fortlaufend Leute zu den Firmen schickt, bei denen dieselben eine gründliche Ausbildung in den Sonderfächern, z. B. Zellenbau, Elektroanlage, Hydraulikanlage, Steuerungsbau, Metallbearbeitung (Leichtmetallschweißung), Luftschraubenbau (VDM, Jumo), Motorenbau (BMW, Jumo) und Flugbetrieb erhalten. Es hat sich im einzelnen sehr oft gezeigt, daß bei den V-Mustern und auch bei den Serienmaschinen wie 290/152 und 154 infolge Ersatzteilbeschaffung manchmal die geringsten Teile einen mehrtägigen Ausfall zur Folge hatten. Dieser Ausfall machte beim Stab eine Umdisposition notwendig, so daß damit eine Störung im Nachschubverkehr eintrat.

2. Der Grund lag darin, daß die Flugzeuge untereinander verschiedener Bautypen waren, und daß Ersatzteile für die V-Maschinen im Herstellerwerk kaum noch hergestellt werden. Eine Einzelteilanforderung von den verschiedenen Ersatzteilen war immer erforderlich, so daß die Beschaffung mit erheblichem Zeitverlust und Schwierigkeiten verbunden war. Hinzu kam, daß manche Fehler vom Personal zum Teil aus Unkenntnis gemacht wurden, die wiederum dazu beitrugen, den Klarstand der Flugzeuge zu beeinträchtigen.

Es ist die allgemeine Ansicht, daß Flugzeuge verschiedener Bauarten (V-Muster) niemals auf Flugplätzen eingesetzt werden können, die so weit vom Herstellerwerk entfernt sind und erst in solcher geringen Anzahl vorhanden sind. Damit soll nicht gesagt werden, daß solche Flugzeuge nicht eingesetzt werden können, sondern in Einsätzen, wie sie in den Monaten Februar und März von Berlin aus stattgefunden hatten.

Fritz Müller

1) OBS – Oberbefehlshaber Süd

Versuche zur Rettung der beschädigten Ju 90 V-8

Die Niederlagen der Wehrmacht an der Ostfront, in Nordafrika und der Verlust Siziliens bewirkten, daß in Italien Mussolini abgesetzt wurde und General Badoglio die Führung übernahm. Kurz darauf, am 8. September 1943, gab er jedoch die Kapitulation Italiens bekannt. Von nun an war die Front überall.

Ich befand mich seit dem 25. August auf dem Flugplatz Ciampino bei Rom und war mit der Instandsetzung der Ju 90 V-8 (J4+BH) befaßt, die am 19. August 1943 einen Startunfall gehabt hatte. Nach gründlicher Untersuchung stellte ich nämlich fest, daß man die Maschine wieder aufbauen könne. Für den Befund hatte der Bergungstrupp der Staffel das Flugzeug an der linken Fläche um etwa einen halben Meter angehoben und mit Schlauchsäcken und Fässern abgestützt. Wir hoben dann die Fläche noch weiter an, doch für die weiteren Arbeiten fehlten uns die Aufbockvorrichtungen, die in Grosseto standen und erst per Fernschreiben angefordert werden mußten. Trotz vieler Bemühungen war auch die Ersatzteilbeschaffung sehr schwierig, da es sich ja um eine Einzelanfertigung und keine Serienmaschine handelte. Zu allem Unglück ging auch noch das Flugzeug mit dringend benötigten Teilen und der Schweißausrüstung verloren – die Ju 90/002 (J4+EH) unter Oberfeldwebel Schröder mußte am 11. September 1943 wegen eines Feuers im Motor bei Schaftlach-Tegernsee notlanden, wobei sie völlig ausbrannte. Dennoch versuchte ich mit Hilfe eines mir zugeteilten Reparaturtrupps die Instandsetzung, und wir schafften es auch, einige Baugruppen an Ort und Stelle zu reparieren.

Das alles geschah unter chaotischen Bedingungen – nachts sprengten die Italiener einen Tankwagen, in den Bergen

Reparatur des Backbordauslegers. Fritz Müller auf der Treppe stehend. Foto: Sammlung Müller

Reparaturversuche am Endkasten des Tragflügel-Zwischenstücks der V-8. Fritz Müller knieend. Foto: Sammlung Müller

kämpften versprengte Truppen, und oft genug wurde Fliegeralarm ausgelöst. Ein überraschender gegnerischer Luftangriff am 17. September tötete zwei unserer Leute – Oberfeldwebel Schack von Wittenau und Feldwebel Hinz; auch ich erlitt leichte Verletzungen. Wir wollten dennoch weiter an der Maschine arbeiten, doch es folgten ständig neue Angriffe, bei denen das Flugzeug weitere Schäden erlitt. Der Versuch zur Reparatur der V-8 mußte danach abgebrochen werden, und auch die Absicht, die Reste der Maschine zerlegt nach Dessau zu schicken, scheiterte. Ich kehrte erst einmal nach Dessau zurück.

Mitte September begannen die Alliierten mit der Invasion in Süditalien und erreichten im Oktober 1943 die Linie Neapel-Foggia. Da die Front dort vorübergehend zum Stehen kam, wurde ich umgehend nach Ciampino zurückbeordert, um die V-8 wieder aufzubauen. Ein für die Leitung des Unternehmens bestimmter Leutnant tauchte nie auf, so daß ich allein die Verantwortung trug. Eine Woche später teilte mir der Flugplatzkommandant von Ciampino mit, er habe den Auftrag, bei Aufgabe des Flugplatzes die V-8 zu zerstören, was er auch umgehend in die Tat umsetzte. So blieb nur noch die Möglichkeit, die Maschine auszuschlachten und die Teile in Eisenbahnwaggons in Richtung Mühldorf zu verladen, was sich bis Mitte Oktober hinzog. Jedoch ist dieser Transport niemals in Deutschland angekommen.

Oft werde ich gefragt, warum ich als Zivilist so verbissen um die Erfüllung der Aufgaben rang. Das ist sicherlich auch für Außenstehende schwer nachzuvollziehen – ich war eben ein Werksvertreter mit »Junkers-Ethos«, das Ansehen der Firma stand über allem. Darum war ich auch stolz auf die Verleihung des Kriegsverdienstkreuzes 2. Klasse, denn ich gab in der LTS 290 jederzeit und an jedem Ort mein Bestes, immer im guten Glauben, das Rechte zu tun. Zudem hatte im Falle der V-8 der Staffelkapitän Oberleutnant Wasserkampf die Rettung als militärische Aufgabe formuliert. Ihre Instandsetzung war

Ausbau des Backbord-Fahrgestells. Wenig später fielen Oberfeldwebel Schack von Wittenau (vorn mit Bluse und Mütze) und Feldwebel Hinz (hinten mit Mütze) einem Bombenangriff zum Opfer. Foto: Sammlung Müller

Trauerfeier für Schack und Hinz auf dem Friedhof von Sankt Marino. Foto: Sammlung Müller

Flugkapitän Konrad Beyer (links) aus Dessau beim Entladen der Ju 252 V-2, BH+DC, in Mühldorf, dem neuen Heimatflughafen der LTS 290. Rechts die Ju 90 V-7.
September 1943. Foto: Sammlung Müller

Voraussetzung zum Staffel-Erhalt, denn bei weniger als fünf Flugzeugen wäre sie aufgelöst worden. Daß jedoch diese Auflösung von höheren Stellen schon beschlossene Sache war, wußten die Staffelangehörigen im August/September noch nicht.

Über meine schrecklichen Kriegserlebnisse in Italien habe ich zu Hause, auch gegenüber meiner Frau, wie bereits im Falle Stalingrads nie ein Wort verloren. Ich habe zwar viele Briefe nach Dessau geschickt oder mit den Werksmaschinen mitgegeben, doch schrieb ich nie nur einen Hauch über die Zustände. Man muß wissen, daß uns jederzeit der Spruch »Feind hört mit!« eingeschärft wurde, und wer gegen die Geheimhaltung verstieß, wurde hart belangt.

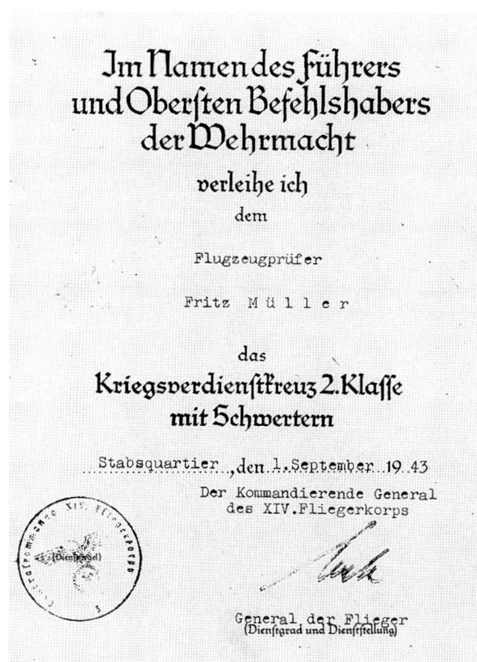

Im Namen des Führers
und Obersten Befehlshabers
der Wehrmacht

verleihe ich
dem

Flugzeugprüfer

Fritz Müller

das

**Kriegsverdienstkreuz 2. Klasse
mit Schwertern**

Stabsquartier, den 1. September 1943

Der Kommandierende General
des XIV. Fliegerkorps

General der Flieger
(Dienstgrad und Dienststellung)

Abschluß der Ju 290-Serie in Merseburg

Im Oktober 1944 kam das Aus für die Fertigung von Junkers-Großflugzeugen, wie überhaupt die Produktion mehrmotoriger Maschinen zugunsten des »Jägernotprogramms« gestoppt wurde. Damit war auch die Entwicklung des Großraumflugzeuges Ju 90/290 beendet.
In der »Junkers-Bastelbude« Merseburg, einer Behelfsbaustelle, die in zwei Flugzeughallen des Fliegerhorstes ohne Maschinenpark untergebracht war, befanden sich noch zwei Ju 290 A-7 im Bau, von denen eine fertiggestellt werden durfte. Die andere, die zu drei Vierteln aufgebaut war und die ich seinerzeit betreute, ließ man stehen. Wir wußten, daß die A-7 ein leistungsfähiges Flugzeug war, das über eine wirksame Abwehrbewaffnung verfügte. Jedoch vermochte sie gegen die Übermacht der alliierten Jagdflugzeuge, die die einzeln operierenden Fernerkunder fächerartig angriffen, nichts auszurichten. Die FAG 5 mit Ju 290 A-7 im Bestand verzeichnete erhebliche Verluste, die zu diesem Zeitpunkt nicht mehr zu ersetzen waren – immerhin betrug die Bauzeit einer Maschine minimal ein Vierteljahr.
Nach dem Baustop kam es in Merseburg zu einer Produktionsumstellung. Nunmehr wurden im Mistelprogramm »Wunderwaffen« hergestellt, fliegende Bomben als Huckepack-Gespanne. Dafür bauten wir instandsetzungsreife Ju 88 derart um, daß sie als mit Sprengstoff beladene Trägerflugzeuge mit daraufgesetzten Leitmaschinen (Me 109 oder Fw 190) verbunden werden konnten. Wir lieferten die Ju 88 A-4 mit Verbindungsgestängen an das Junkers-Zweigwerk in Nordhausen, wo sie mit der Funkfernsteuerung und den Trägerflugzeugen komplettiert und an die Luftwaffe übergeben wurden, die wiederum eine Hohlladung und den sogenannten »Elefantenrüssel« als Zünder installierte.

JUNKERS FLUGZEUG- UND MOTORENWERKE
AKTIENGESELLSCHAFT · DESSAU

FLUGZEUGBAU
STAMMWERK DESSAU
DER STELLVERTR. BETRIEBSFÜHRER

Herrn
Fritz M ü l l e r
St.-Nr. 34962

im H a u s e
Baustelle Merseburg

Dessau, 1. April 1945

Sehr geehrter Herr Müller!

Zum heutigen Tage, an dem Sie auf eine 20-jährige Tätigkeit im Dienste unseres Werkes zurückblicken können, spreche ich Ihnen im Namen der Junkers Flugzeug- und Motorenwerke Aktiengesellschaft die herzlichsten Glückwünsche aus.

Ich freue mich, Ihnen für Ihre dem Werk und mir in langjähriger Arbeitskameradschaft erwiesene Arbeitsleistung und Betriebstreue Dank und Anerkennung aussprechen zu können.

Meine Wünsche gehen dahin, dass Sie noch recht viele Jahre bei bester Gesundheit mit Ihrer unermüdlichen Schaffenskraft Anteil nehmen mögen an den grossen Aufgaben, die unserem Werk zur Förderung deutscher Weltgeltung und Sicherung unseres deutschen Lebensraumes gestellt sind.

NATIONALSOZIALISTISCHER
MUSTERBETRIEB

R. 1696/5.
131066 W.
HFV.-O. 8512
1/0132. 990/4.

Diese Produktion lief noch bis zum April 1945.
Am 1. April beging ich mein 20jähriges Dienstjubiläum bei Junkers. Der Betriebsführer wünschte mir Schaffenskraft für »deutsche Weltgeltung und Sicherung unseres Lebensraumes«, ungeachtet der Tatsache, daß die Rote Armee schon bei Frankfurt/Oder und die US-Army vor Frankfurt/Main standen.
In den letzten Apriltagen stellten die Junkers-Werke in Merseburg die Arbeit ein, und ich wurde in Urlaub geschickt, eine Geste der Sympathie seitens des Betriebsführers, der seine Hand über die Flugzeug-Spezialisten hielt. Eigentlich hätte er mich an den Volkssturm überweisen müssen. In diesem Fall bin ich überzeugt, daß ich das Kriegsende nicht erlebt hätte. Ich fuhr mit dem Fahrrad nach Dessau, praktisch in ein Niemandsland. Die Wehrmacht war weg und die Amerikaner noch nicht da. Auch bei Junkers ruhten alle Arbeiten, das Werk lag verlassen. Ich faßte mir ein Herz, ging ins Betriebs-Archiv, wo ich alle Dokumente entnahm, die mit meiner unmittelbaren Tätigkeit zu tun hatten. Nur auf der Grundlage dieser Dokumente konnte überhaupt dieses Buch entstehen.
Wenige Tage später eroberten die Amerikaner Dessau. Seitdem habe ich leider meinen geliebten Beruf als Flugzeugbauer nie wieder ausüben können. 1946, nach einem Jahr hoffnungsvoller Wiederaufbauarbeit, liquidierte die sowjetische Besatzungsmacht endgültig das von Hugo Junkers begründete Flugzeugwerk Dessau.

Anhang

Vorläufige Ausgabe
Dezember 1943
Flugzeugbau,
Technischer Außendienst

Einführung in das Baumuster Ju 290

Entwicklung und Leistungen

Die Entwicklung der Ju 290 geht auf die im Jahre 1935/36 gebaute Ju 89 zurück, die z. Zt. als 4-motoriges Kampfflugzeug in zwei V-Mustern gebaut wurde. Der damaligen luftstrategischen Anschauung entsprechend wurden diese Großkampfflugzeuge nicht weiter entwickelt und machten der 2-motorigen Bauweise Platz. Für Verkehrszwecke wurde jedoch parallel zu der Ju 89 die bekannte Ju 90 gebaut, die zunächst in einer kleinen Serie für die Lufthansa aufgelegt wurde.

Im Jahre 1939/40 wurde aus der Verkehrsmaschine Ju 90 die Transporterversion Ju 290 A-1 entwickelt. Neben neuen Flügeln und neuem Leitwerk war das wesentliche Merkmal dieser Type die Einführung der Transporterklappe im Rumpfboden. Im Zusammenhang damit mußte eine entsprechende Verstärkung des Rumpfbodens durchgeführt werden, damit die entsprechende Festigkeit vorhanden war, vor allem mit Rücksicht auf die Forderung, daß während des Fluges über die geöffnete Klappe Lasten abgeworfen werden sollten. Diese Transportermaschinen umfassen die Werknummern 110151 bis 110156.

Im Frühjahr 1943 kam die Forderung, die Ju 290 als Fernerkunder umzubauen. Die Baureihen Ju 290 A-2 bis A-5 erhielten eine erweiterte Kraftstoff- und Schmierstoffanlage. Ferner wurden Suchgeräte eingebaut, Führersitz und Waffenstände erhielten Panzerung, und die Ausrüstung der Maschine wurde dem besonderen Einsatz entsprechend erweitert.

Als Triebwerk wurde zunächst der BMW 801 ML für die Werknummern 110157 bis 110160 vorgesehen. Dann folgte das Triebwerk BMW 801 MG (9-8801 C-1 bzw. ETW 1004 F-1).

Die einzelnen Baureihen unterscheiden sich nur durch geringfügige Änderungen, hauptsächlich bezüglich der Bewaffnung. Die Transporterklappe ist zwar vorgesehen, die Ausrüstung dazu aber nicht eingebaut. Die Bewaffnung für die Baureihe A-2 ist folgende:

B-1-Stand:	HD 151/1
B-2-Stand:	HD 151/1
Heckstand:	MG 151 in L 151/3
C-1-Stand:	MG 151 J
C-2-Stand:	MG 131 J
Fensterstände:	2× Fl 131

Bei der A-3 wird im B-2-Stand HD 151/2 eingebaut (flache Kuppel). Bei der A-4 wird im B-1- und B-2-Stand HD 151/2 eingebaut. Die Baureihe A-5 erhält die gleiche Bewaffnung wie A-4, jedoch wird der Kraftstoff-Zusatzbehälter im Rumpf um ca. 2 m nach hinten verlegt.

Die Funkausrüstung besteht aus folgenden Geräten:

Heyde M 18
FuG 10 k-2 mit TZG 10
Peil 6
FuG 16 Z
Fu Bl 2 H
FuG 101
FuG 25 A
FuG 200 Hohentwiel
FuG 216 Neptun R

Die Kraftstoffanlage umfaßt folgende Behälter:

im Rumpf	1 Behälter von 3450 l Inhalt	
im Tragwerk	2 Behälter von je	2950 l
	2 Behälter von je	1650 l
	2 Behälter von je	2900 l
insgesamt also		18450 l

Die Ju 290 A-2 bis A-5 ist als Fernerkunder vorgesehen. Die vier Triebwerke 1004 F-1 haben je 1700 PS Startleistung. Das Fluggewicht der Maschine mit vollen Behältern und Munition beträgt 41 t. Die Startstrecke bis zum 20 m-Hindernis beträgt 960 m. Die Maschine muß beim Start bei 160 bis 179 km/h Fahrt durch Ziehen vom Boden abgehoben werden.

Die Landung mit vollem Abfluggewicht ist möglich. Die Landestrecke (ab 20 m-Hindernis) beträgt hierbei 950 m. Zum Anschweben ist eine dem Fluggewicht entsprechende Anschwebegeschwindigkeit zu wählen, da zu hohe Landegeschwindigkeiten immer auf Kosten der Bremsen und Reifen gehen. ($m \cdot v^2/2$ muß durch die Bremswirkung aufgenommen werden, wir haben also quadratische Abhängigkeit der zu vernichtenden Energie von der Landegeschwindigkeit.) Als Richtwerte können gelten:

Anschweben mit 41 t	185 km/h
mit 26 t	155 km/h

Von den Flugleistungen interessiert bei den Fernerkundern für den augenblicklich vorliegenden Einsatz besonders die Reichweite. Diese ist abhängig vom günstigsten Brennstoffverbrauch bezogen auf die zurückgelegte Strecke und ist theoretisch am größten, wenn die ganze Strecke mit einem ca-Wert geflogen wird, der dem Bestwert ca/cw entspricht. Bei der Ju 290 A-2 beträgt dieser Wert 0,65. In der Praxis wird ca so gewählt werden, daß mit einem Wert geflogen wird, der noch ein Steigen von ungefähr 1 m/sec. zuläßt (also etwa 0,5). Als Richtwerte können vorläufig angegeben werden:

bei einem Abfluggewicht von 41 t beträgt die günstigste Geschwindigkeit (entsprechend ca = 0,5) etwa 295 km/h,

bei einem Leergewicht von 26 t beträgt die günstigste Geschwindigkeit etwa 230 km/h.

Dazwischen muß durch stufenweises Drosseln – etwa alle 1 bis 2 Stunden – die jeweils günstigste Geschwindigkeit einreguliert werden. Die ungefähre Eindringtiefe bei diesem Verfahren beträgt 2500 km.

Bei mittlerem Fluggewicht beträgt die Horizontalgeschwindigkeit in 1000 m Höhe bei 1,1 ata Ladedruck und 2100 U/min etwa 335 km/h.

Für den Zweimotorenanflug (2 Motoren auf einer Seite abgestellt) ist die Flugfähigkeit der Maschine noch gewährleistet. Sie fliegt 2-motorig mit Kampfleistung bei einem mittleren Fluggewicht von 35 t mit einer

Röntgenschnitt der Ju 290

1 Endspant
2 Kraftstoff-Zusatzbehälter
3 Kraftstoff-Entnahmebehälter

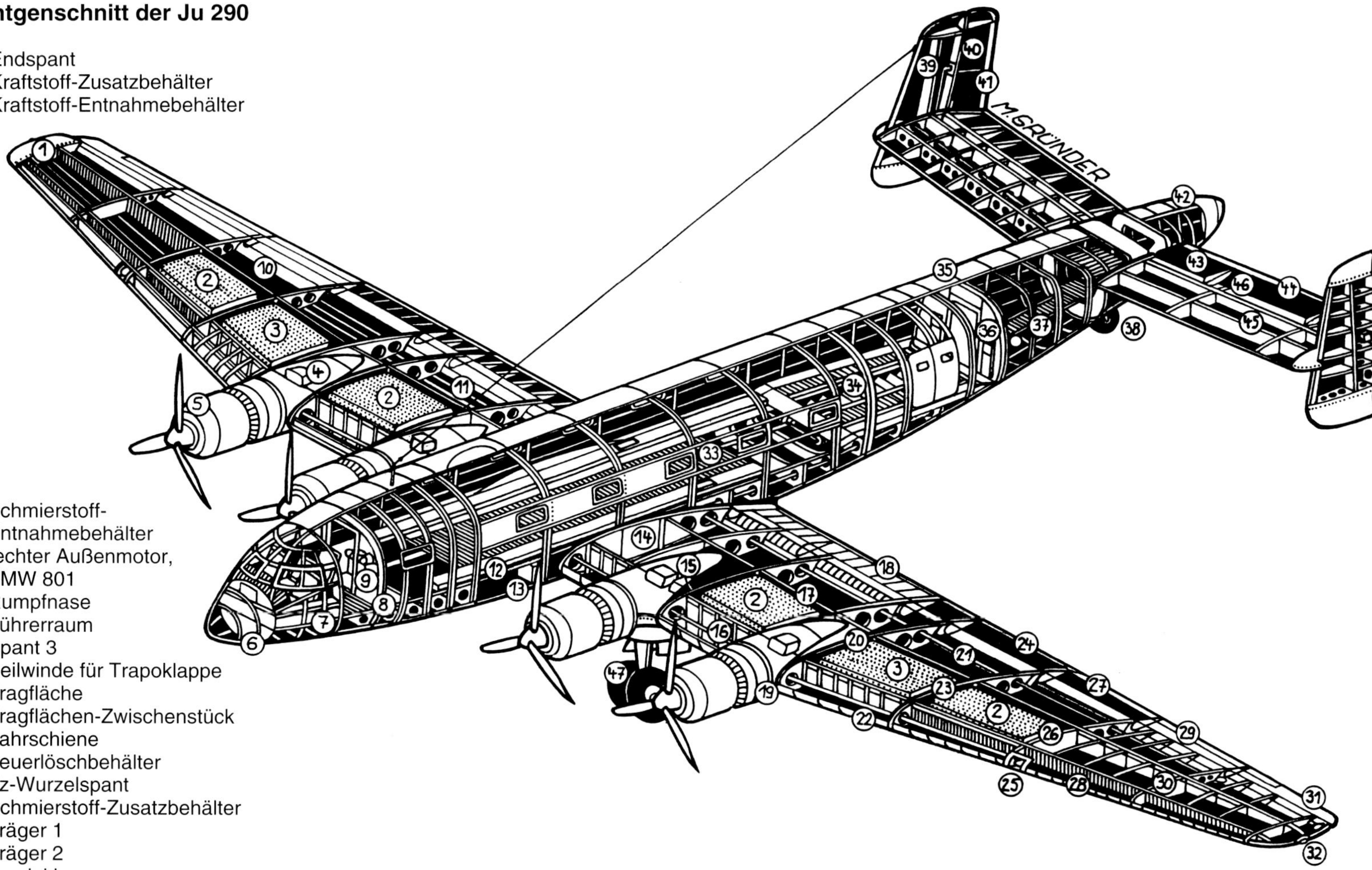

4 Schmierstoff-Entnahmebehälter
5 rechter Außenmotor, BMW 801
6 Rumpfnase
7 Führerraum
8 Spant 3
9 Seilwinde für Trapoklappe
10 Tragfläche
11 Tragflächen-Zwischenstück
12 Fahrschiene
13 Feuerlöschbehälter
14 Tz-Wurzelspant
15 Schmierstoff-Zusatzbehälter
16 Träger 1
17 Träger 2
18 Landeklappen
19 Brandspant
20 TF-Wurzelspant
21 Hilfsträger
22 Heizrohr
23 Querverbinder 1
24 Inneres Querruder
25 Scheinwerfer
26 Querverbinder 2
27 Ausgleichsruder
28 Stirnträger
29 Quer-Hilfsruder
30 Querverbinder 3
31 äußeres Querruder
32 Positionsleuchte
33 Laufrost
34 Trapoklappe
35 Spant 15
36 Anfahrschiene
37 Laufsteg
38 Spornrad
39 Seitenflosse
40 Seitenruder
41 Seiten-Hilfsruder
42 Rumpfendkappe
43 Höhenruder
44 Höhen-Hilfsruder
45 Höhenflosse
46 Höhenruder-Massenausgleich
47 Hauptfahrwerk

Geschwindigkeit von 190 km/h. Dabei ist die Seitenruderwirkung, wenn die Trimmung und die Fußkraft voll ausgenutzt werden, voll ausreichend. Wird nur die Trimmung zur Aufnahme des einseitigen Drehmomentes benutzt, dann reicht die Seitenruderwirkung bis zu einer Geschwindigkeit von 220 km/h aus.
Die Lastigkeitsverhältnisse der Maschine bringen es mit sich, daß im beladenen Zustand, also beim Start, die Maschine kopflastig wird. Es ist deshalb unbedingt erforderlich, daß beim Start, wie es die Beladepläne auch angeben, die Notsitze im Re besetzt werden. Bei der Landung wird die leergeflogene Maschine dagegen schwanzlastig.

Rumpfwerk

Der Rumpf besteht aus 6 einzelnen Bauabschnitten. Von diesen 6 Bauabschnitten sind Rumpfnase und Rumpfheck lösbar an den übrigen ungeteilten Abschnitten angebaut. Die Rumpfnase ist eine mit Pfetten versteifte Blechkappe und wird mit 4 Verschraubungen angeschraubt.
Im Rumpfvorderteil von Spant 1 bis 3 befindet sich der Führerraum. Anschließend von Spant 3 bis 15 ist der große Nutzraum mit einem Volumen von 96 m^3 vorgesehen. Der Spant 15 ist ein Vollspant und enthält eine Tür, durch die man in das Rumpfende gelangen kann. An das Rumpfende wird wiederum mit 4 Verschraubungen das Rumpfheck mit dem Heckstand angeschraubt.
Der Rumpf ist in Schalenbauweise hergestellt.
Der Führerraum enthält die Sitze für die beiden Flugzeugführer, für einen Funker und einen Bordmechaniker. Sämtliche Sitze sind für Sitzfallschirme verwendbar. Die beiden Führersitze sind gepanzert, die Sitze für Funker und Bordmechaniker sind schwenkbar angeordnet. Die Überda-

Ju 290 B1-Stand JFM 6541

Ju 290 Rumpfvorderteil JFM 6522

Ju 290 Bodenwanne C2-Stand JFM 6544

Ju 290 F-Stand links JFM 6546

chung des Führerraumes ist von Spant 1 bis 2 verglast, sodaß für die beiden Führer sehr gute Sichtverhältnisse erreicht werden. Vor Spant 2 ist in der Überdachung ein abwerfbares Teil vorgesehen. Die entsprechende Öffnung dient als Notausstieg. Seitlich sind auf jeder Seite 2 Fenster als Schiebefenster ausgeführt. Hinter dem linken Führersitz ist ein Kartentisch eingebaut (klappbar). Auf der rechten Seite ist dagegen der Platz für den Funker vorgesehen.

Vor den beiden Führern ist das Instrumentenbrett angeordnet. Die wichtigsten Instrumente, wie Fahrtmesser, Höhenmesser, Variometer, Wendezeiger und Führertochter, sind doppelt vorhanden, sodaß jeder Führer diese Instrumente im Blickfeld vorfindet.

Die weiteren Instrumente wie Inhaltsanzeige, Druckmesser, Schauzeichen usw. in der Mitte des Instrumentenbrettes sind von beiden Führersitzen aus gut erkennbar. Zwischen den beiden Führern ist der Bedientisch angeordnet. Er enthält die Gashebel, Hebel für die Brandhahnschaltung, für Kraftstoffschaltung, ferner Schalter und Knöpfe zum Einschalten der einzelnen Betätigungsvorgänge von Fahrwerk, Landeklappen, Fahrgestellbremsen, Motorhydraulik, 1 Drei-Achsentrimmschalter usw. Auch diese Hebel und Schalter sind von beiden Führern aus bequem zu erreichen. Die Ju 290 ist mit einer Doppelsteuerung ausgerüstet, d. h. vor jedem Führer befindet sich eine vollständige Steuerung. An der rechten Seitenwand hinter dem 2. Führer befindet sich – wie schon erwähnt – der Platz für den Funker mit einem Tisch und mit den Bediengeräten für die verschiedenen Funkanlagen. An der Rückwand des Führerraumes (Spant 3) ist einmal die Hauptschalttafel für die Elt-Anlage angeordnet, ferner im unteren Teil des Spantes 3 die Handpumpe für

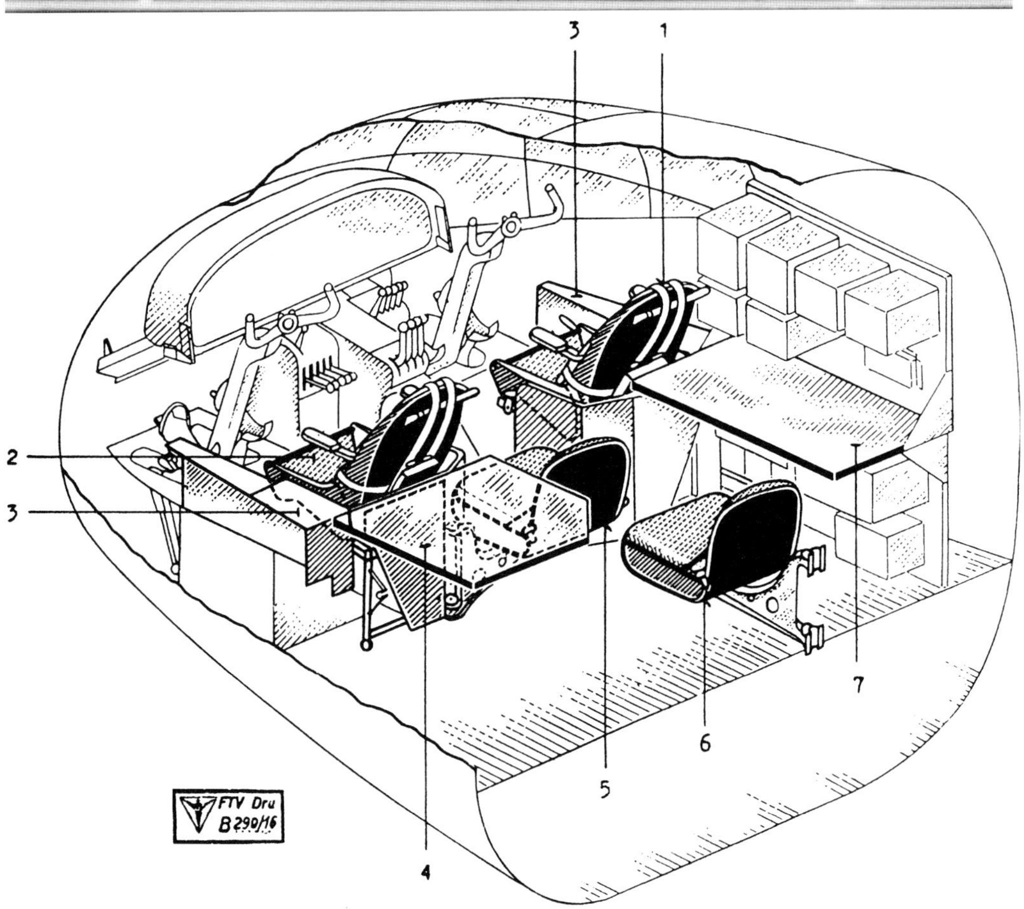

Anordnung der Arbeitsplätze im Führerraum

1 Flugzeugführersitz rechts
2 Flugzeugführersitz links
3 Seitentisch (links und rechts)
4 Kartentisch (klappbar)
5 Schwenksitz für Bordmechaniker
6 Schwenksitz für Funker
7 Tisch für Funker

Druckölanlage mit zugehörigem Wahlschalter, der Antrieb für die Handpumpe zum Umpumpen der Schmierstoff-Zusatzbehälter mit den Hebeln zum Betätigen der Umschalthähne, sowie die Schalter für die elektr. Schmierstoffpumpe. Ferner sind 2 Inhaltsanzeige-Geräte für Schmierstoff-Zusatzbehälter vorhanden. Auf der linken Seite befindet sich im Spant 3 ein Durchgang, der den Führerraum mit dem eigentlichen Nutzraum verbindet.

Der Nutzraum erstreckt sich von Spant 3 bis 15. Die Transporterklappe ist wohl vorhanden, aber nicht als Klappe benutzbar, da die zugehörige Anlage nicht eingebaut ist. An der Rückseite des Spantes 3 sind verschiedene Geräte und Behälter untergebracht, vor allem der Behälter für die Druckölanlage. Der Nutzraum enthält fernerhin einen geschützten Kraftstoff-Zusatzbehälter mit einem Inhalt von 3 450 Ltr., sowie einen Schmierstoff-Zusatzbehälter von 260 Ltr. Inhalt. Von den 5 Fenstern auf jeder Seite ist jeweils das letzte Fenster als Fensterlafette ausgebildet und enthält ein MG 131. Auf der Rumpfoberseite sind 2 Stände (B-1 und B-2 Stand) vorgesehen und zwar 2× HD 151. Weiterhin sind im Nutzraum untergebracht die Munitionskästen für die einzelnen Stände, sowohl für die Fensterstände als auch für den Heckstand und die B-Stände. Ausserdem sind noch 4 Ruhesessel vorhanden, auf denen die Besatzung, soweit sie nicht tätig ist, sich ausruhen kann.

Das Tragwerk wird an den Rumpf mit 5 Kugelverschraubungen angeschlossen, die an den Spanten 8c, 9c und 9i vorhanden sind. Auf der Unterseite des Rumpfes ist ein Kanal vorgesehen, in dem Gestänge für Triebwerke, Steuerung sowie Rohrleitungen verlegt sind. Nach Abschrauben der Klappen sind alle Gestänge und Rohrleitungen für die Wartung gut zugänglich. Im unteren Teil des Rumpfes sind weiterhin verschiedene Teile eingebaut, die bei den einzelnen Anlagen noch später erwähnt werden, z. B. Betätigungszylinder für Landeklappen, Pumpe zur Einspritzanlage, Pumpe für Luftschraubenenteisungsanlage, Rudermaschine für Quersteuerung usw.

An den Nutzraum schließt sich das Rumpfende an, das sich bis zum Spant 21 erstreckt. In das Rumpfende wird der

Übersicht und Hauptmaße der Ju 290 A

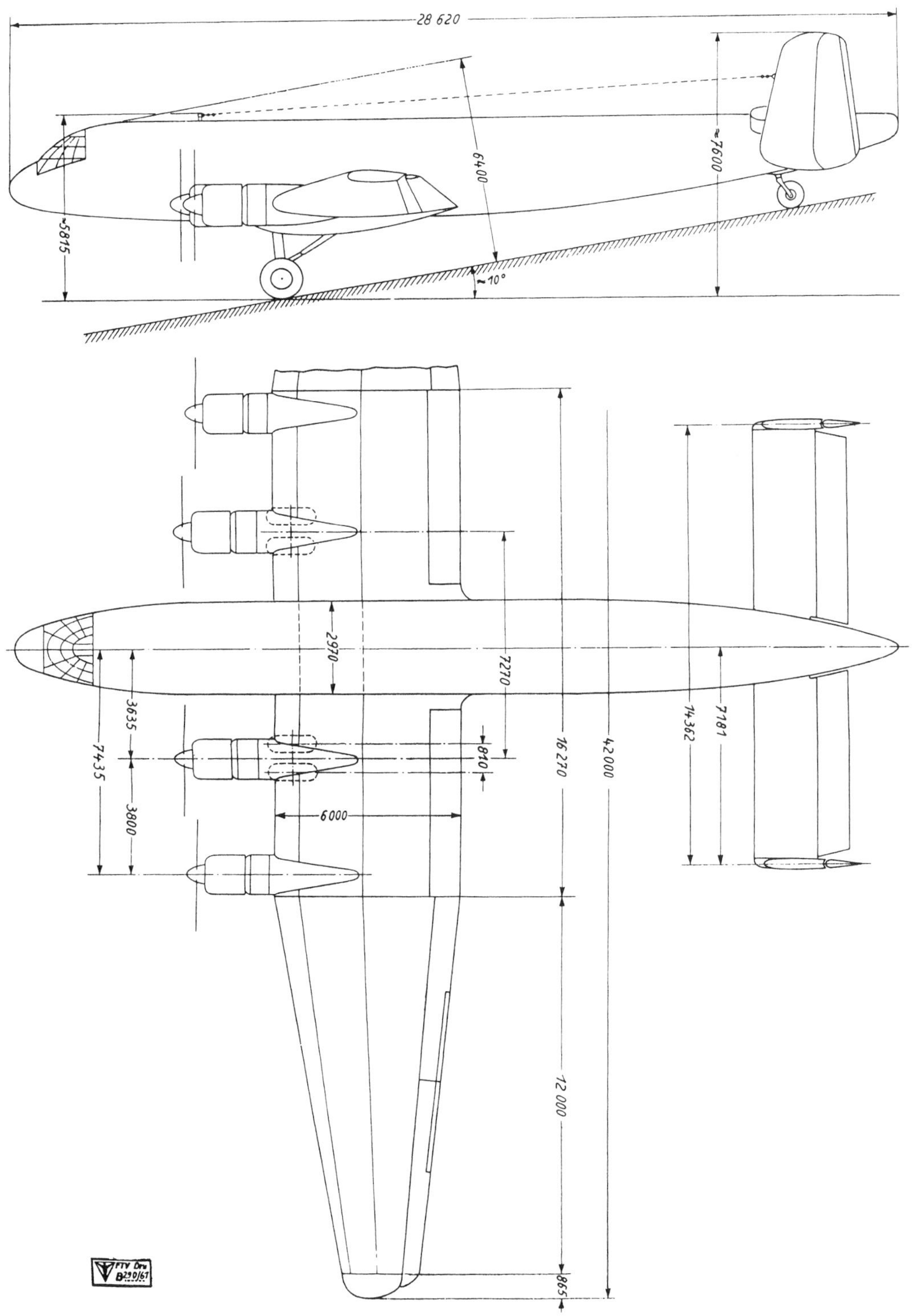

Sporn eingezogen, und außerdem ist darin ein Notsitz vorgesehen. – Durch die Tür im Spant 15 und durch das Rumpfende hindurch kann man dann schließlich zum Rumpfheck gelangen, sodaß der im Rumpfheck vorgesehene Stand während des Fluges vom Rumpf aus begehbar ist. Das Rumpfheck selbst wird wiederum mit 4 Kugelverschraubungen angeschraubt. Die im Rumpfheck eingebaute Lafette mit dem MG 151 ist für den Notfall abwerfbar. Auf dem Rumpfende wird das Leitwerk aufgesetzt, und zwar befindet sich die Lagerung für die Höhenflosse am Spant 19.

Auf der linken Seite ist zwischen Spant 12 und 13a die Einstiegtür angeordnet. Vorn unter dem Rumpf befindet sich die Liegewanne, die nach vorne hinaus mit einem MG 151 und nach hinten mit einem MG 131 bestückt ist. Die Liegewanne ist zugänglich durch eine Klappc im Fußboden vom Nutzraum her und durch eine Klappe in der Wanne. Ausstieg im Notfall durch Abwerfen der hinteren Bordlafette.

Tragwerk

Das Tragwerk setzt sich zusammen aus dem Tragflügel-Zwischenstück (Tz) und dem Tragflügel (Tf). Beide Teile werden untereinander und am Rumpf mit je 5 Kugelverschraubungen angeschlossen.

Das Tragflügel-Zwischenstück besteht aufbaumäßig aus zwei Hauptträgern und einem Endträger. Außerdem ein Wurzelspant, drei Querverbände und ein Endspant. Am Querverband 1 u. 2 sind die Anschlüsse für das innere Triebwerk, am Querverband 3 und Endspant für das äußere Triebwerk vorgesehen, und zwar werden erst noch Zwischengerüste eingeschraubt, die den eigentlichen Endspant aufweisen. In dem Raum, der durch den Querverband 2 u. 3 und den Träger 1 u. 2 gebildet wird, ist ein Kraftstoff-Zusatzbehälter mit 2900 ltr. Inhalt eingebaut. Der Einbau dieses Behälters erfolgt von unten. Im linken Tz zwischen innerem Triebwerk und Rumpf sind ein Schmierstoff-Zusatzbehälter, sowie zwei Behälter für Luftschrauben-Enteisung vorgesehen.

Am Träger 1 hinter dem inneren Triebwerk sind die Anschlußpunkte für Federbeinrahmen vorhanden. Am Träger 1 sitzen ferner in dem gleichen Raum, in dem die Behälter untergebracht sind (also nur im linken Tz) die elektrische Schmierstoffpumpe, die Handpumpe für Schmierstoff-Zusatzbehälter und die zugehörigen Umschalthähne. Für Bahntransporte sind die Nase und die Endkästen abnehmbar. Auf der Oberseite des Tz hinter den Triebwerken sind Beschläge vorgesehen, die zum Anbringen eines Montage-Krans für Triebwerkswechsel vorgesehen sind. An die Endkästen schließen sich die Landeklappen an. Die Landeklappen sind nach dem Düsenspalt-Prinzip am Tz angeschlossen. Die Betätigung erfolgt hydraulisch. Näheres folgt später bei der Druckölanlage.

Der Tragflügel wird V-förmig am Tz angeschlossen. Er besteht aufbaumäßig ebenfalls aus 2 Hauptträgern und einem Endträger, einem Wurzelspant, 3 Querverbänden und einem Endspant. Das Flügel-Mittelstück (also der Raum zwischen Träger 1 u. 2 und den Querverbänden) enthält 2 Kraftstoffbehälter, dieselben sind nach oben auszubauen. Die Flügelnase ist als Enteiser ausgebildet und zwar im Bereich vom Wurzelspant bis zur Endkappe. Der Aufbau dieser Enteisernase ist im Prinzip der gleiche wie bei der Ju 188, indem ein profiliertes Blech von innen gegen das Glattblech gesetzt wird und durch Punktschweißung mit der Außenhaut verbunden ist. Die Flügelendkästen sind lösbar. Es sind in den Endkästen Ausleger angebracht, die zur Aufnahme des Querruders dienen. Die Endkästen sind lösbar ausgeführt, um das Tf mit der Bahn transportieren zu können.

Leitwerk

Das Höhenleitwerk hat rechteckige Grundform und positive V-Stellung. Die Einstellung beträgt 6° und ist vorgesehen mit Rücksicht auf Bodenfreiheit der Seitenscheiben bei einer Landung auf dem Notsporn. Das Profil der Höhenflosse ist symmetrisch. Die Höhenflosse ist durchgehend und wird auf dem Rumpfende befestigt, sie ist nicht verstellbar. Die Höhenflossennase ist ebenfalls als Enteisernase ausgebildet, vorgesehen ist wie bei der Fläche Warmluftenteisung. An der Flosse sind mit je drei Auslegern die Höhenruder gelagert. Die Höhenruder sind gewichtsausgeglichen. An jeder Höhenruderhälfte sind zwei Klappen vorgesehen, davon besitzt die innere Klappe (über rd. 2/3 Spannweite) Federsteuerung und kann durch die Trimmung betätigt werden. Dagegen ist die äußere Klappe (über rd. 1/3 Spannweite) weggesteuert. Die Federstrebe für die Federsteuerung ist mit Dämpfung ausgerüstet und spricht an bei 12 kg Federkraft. Die Federstrebe ist die gleiche wie bei dem Seitenruder. Näheres über die Betätigung der Trimmklappen und der Ruder siehe unter dem Kapitel Steuerung.

Das **Seitenleitwerk** ist als Doppel-Leitwerk ausgeführt. Die Flossen sind als Endscheiben freitragend mit je drei Anschlußpunkten an den Trägerenden der Höhenflosse angeschraubt. Die Ruder sind 100%ig gewichtsausgeglichen und ebenfalls mit Klappen versehen. Die Klappe am linken Ruder ist mit Federsteuerung versehen und kann durch die Trimmung betätigt werden. Die Klappe am rechten Ruder ist wiederum nur weggesteuert. Zwischen Flosse und Ruder ist eine Dämpfungsstrebe eingebaut. Die Seitenruder können durch die Rollbremse festgestellt werden.

Die **Querruder** sind nach dem Düsenspalt-Prinzip über die ganze Spannweite des Tf angeordnet. Sie sind zweiteilig ausgeführt mit je einer Klappe. Das innere Ruder hat eine Federklappe, die jedoch nur einseitig nach oben anzustellen ist (2 kg Federvorspannung ohne Dämpfung). Das äußere Ruder hat eine weggesteuerte Klappe. Gleichzeitig kann diese Klappe über die Trimmung verstellt werden.

Die **Landeklappen,** an den Endkästen des Tz angebracht, arbeiten ebenfalls nach dem Düsenspalt-Prinzip. Die Betätigung der Landeklappe erfolgt elektro-hydraulisch. Es sind zwei Betätigungszylinder vorgesehen, die im Rumpf zwischen Spant 9f und 9i angeordnet sind.

Fahrwerk

Das Fahrwerk besteht aus der linken und rechten Fahrgestellanlage und der Radspornanlage. Zu jeder Fahrgestellanlage gehören die im folgenden beschriebenen Bauteile.

Der Federbeinrahmen mit Achsknotenstück und Lenkerpaar ist über zwei Kugelanschlüsse am Träger I im Tz angeschlos-

Schema des Ein- und Ausfahrens des Fahrgestells

1 Fahrgestell-Rahmen
2 Breitfelgen-Bremsrad
3 Kurze Knickstrebe
4 Lange Knickstrebe
5 Arbeitszylinder

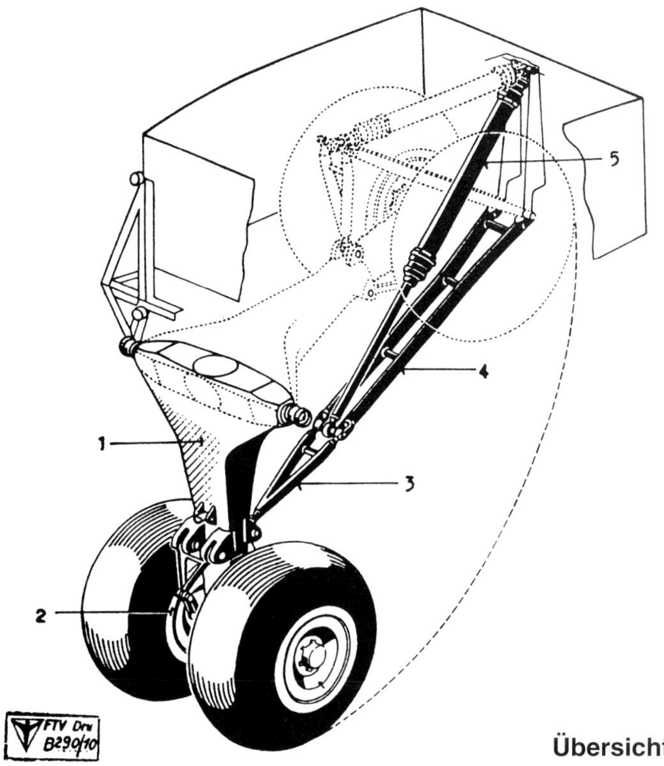

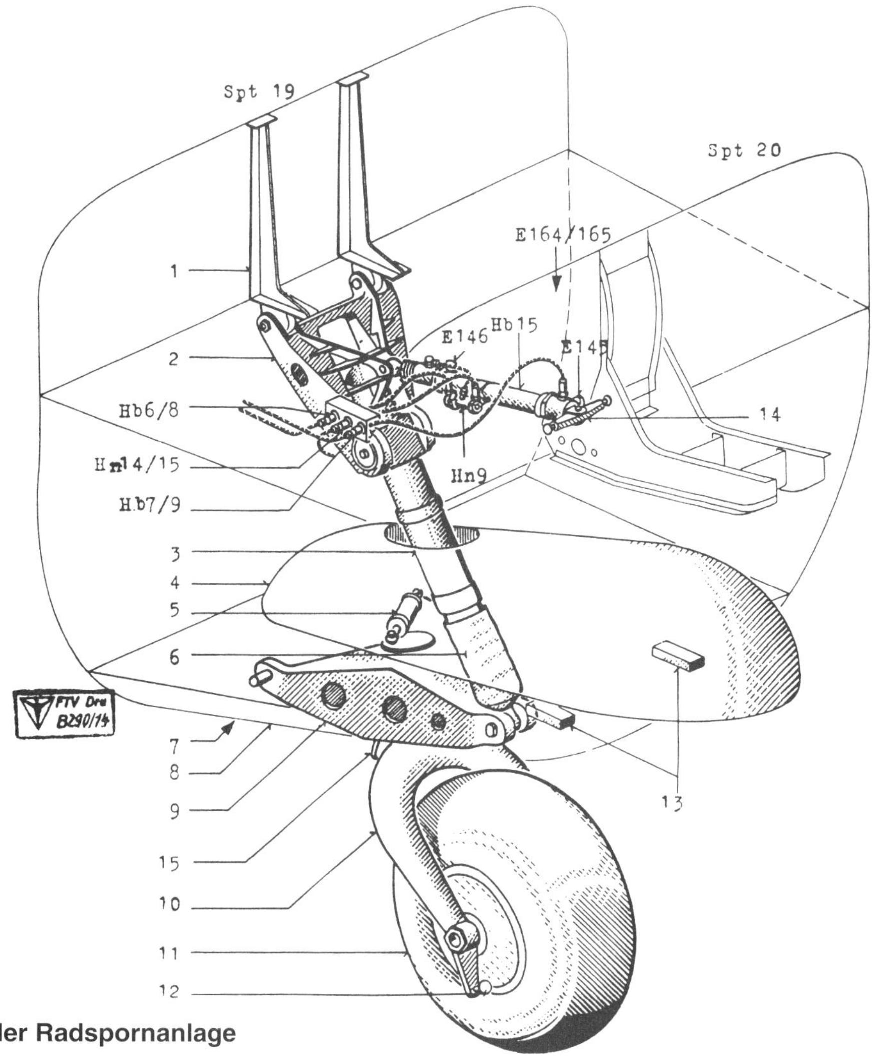

Übersicht der Radspornanlage

1 Lagerung für Knickstrebe
2 Sporn-Knickstrebe
3 KPZ-Spornfederbein
4 Verkleidung
5 Geradrichte-Vorrichtung
6 Schutzhose
7 Klappe-Betätigung
8 Klappen
9 Federbeinhebel
10 Spornradgabel
11 EC-Spornrad 875×320
12 Anschlag (für Notsporn)
13 Gummipuffer (für Sporn im Rumpfende)
14 Lagerung (für Arbeitszylinder)
15 Spornschleppschäkel

E 145	End-Umschalter
E 146	End-Umschalter
E 164/165	Elektr. Steckverbindung Leitung: Sporn aus Sporn ein Sporn Not aus
Hb 6/8	Kupplung
Hb 7/9	Kupplung
Hn 14/15	Kupplung
Hb 15	Arbeitszylinder
Hn 9	Wechselventil

sen. Das Achsknotenstück und der Federbeinrahmen sind durch das Lenkerpaar miteinander verbunden. Am Achsknotenstück sind die beiden Achsen zur Aufnahme der Räder angeschweißt. Das EC-Federbein ist im Federbeinrahmen eingebaut. Es ist mit Ringfedern ausgerüstet, deren Arbeitsaufnahme durch zusätzliche Fettdämpfung noch erhöht wird. Das untere Ende des Federbeins ist auf das Achsknotenstück des Federbeinrahmens aufgeschraubt.

Die beiden Laufräder haben eine Mitteldruckbereifung mit den Abmessungen 1320×480. Sie sind mit je 2 Zweizylinder-Servobremsen versehen. Die Bremsanlage selbst ist an die Druckölanlage angeschlossen und wird durch Niedertreten der Pedale über einen Druckspeicher betätigt. Ferner ist ein Parkschalter eingebaut, der das Feststellen der Bremsen bei abgeschalteter Maschine ermöglicht. Näheres über die Wirkungsweise siehe Druckölanlage.

Die Fahrgestellein- und ausfahranlage ist ebenfalls an die Gesamthydraulik angeschlossen. Das Einschalten des Ein- und Ausfahrvorganges erfolgt durch einen Kippschalter über elektrisch gesteuerte Magnetschieber. Die Einziehstrebe und die Knickstreben sind am Träger 2 im Tz angeschlossen. Nach beendigtem Ein- oder Ausfahrvorgang werden die großen

Klappen wieder geschlossen. Die Betätigung erfolgt durch Stoßstangen, die am Federbeinrahmen angeschlossen sind.
Zur Radspornanlage gehören folgende Bauteile:
die Spornradgabel mit dem Spornrad,
das KPZ-Spornfederbein
der Federbeinhebel mit Geraderichtvorrichtung,
die Knickstrebe und
die Aus- und Einfahranlage mit Klappenbetätigung und Signalanlage.

Die Spornradgabel enthält das Achsrohr zur Lagerung des Spornrades und hat besondere Anschläge, die sich bei eingefahrenem Sporn am Gummipuffer im Rumpfende anlegen. Das Spornrad ist im eingefahrenen Zustand nicht ganz in das Rumpfinnere eingezogen und dient auf diese Weise im eingefahrenen Zustand gleichzeitig als Notsporn. Das Spornrad hat Mitteldruckbereifung mit den Abmessungen 875×320.
Das KPZ-Federbein greift an einem Ende am Federbeinhebel an und ist am oberen Ende an die Knickstrebe angeschlossen, Knickstrebe und Federbeinhebel sind am Spant 19 gelagert. Am Federbeinhebel ist die Geraderichtvorrichtung angebaut, die bei entlasteter Spornanlage die Sporngabel in Flugrichtung halten soll. Die Spornein- und -ausfahranlage ist ebenfalls an die Gesamthydraulik angeschlossen. Die Bedienung erfolgt durch den Kippschalter im Führerraum, gemeinsam mit dem Betätigen der beiden Fahrwerkshälften.

Steuerwerk

Die Betätigung der Höhen-, Quer- und Seitensteuerung ist im Führerraum als Doppelsteuerung für 2 Führer ausgebildet. Die beiden Steuersäulen mit Querruderhorn sowie die Pedale für die Seitensteuerung sind zu einem einheitlichen Steuerungsblock zusammengefaßt. Zur Herabsetzung und Glättung des Steuerkraftverlaufs sind die Leitwerke um alle 3 Achsen weg- und federgesteuert. Das Steuerungsgestänge ist in einem besonderen Kanal im Unterteil des Rumpfes verlegt. Dieser Kanal ist, wie schon erwähnt, durch Abnehmen der Klappen leicht zu öffnen und hierdurch wird eine gute Zugänglichkeit für die Wartung erreicht.

Als Selbststeuerungsanlage ist die Patin-Dreiachsensteuerung eingebaut, die bei normalem Flug für den Flugzeugführer eine wesentliche Entlastung ergibt. Die Kreisel- und Steuerungsgeräte und Kurszentralen sind im Rumpf am Spant 9 eingebaut, ebenfalls die Umformer (2 Drehstrom- und 1 Leonardumformer) und das Rudergetriebe für Quersteuerung. Für die Seiten- und Höhensteuerung sind die beiden Getriebe am Rumpfende am Spant 19 untergebracht, wo sich auch die Fernkompaßmutter befindet.

Die Betätigung des Höhenruders erfolgt in der üblichen Weise durch Ziehen bzw. Drücken der Steuersäule. Die Ausschläge des Höhenruders betragen ±30° und sind durch Anschläge an der Steuersäule und am Ruderhebel begrenzt.

Die Betätigung der Höhenhilfsruder erfolgt einmal elektrisch über den Dreiachsentrimmschalter im Führerraum, mit dem die Trimmklappen um alle drei Achsen betätigt werden können. Außerdem ist über einen Schiebeschalter am linken Griff des Steuerhornes ebenfalls eine elektrische Verstellung der Trimmklappe im Höhenruder möglich. Der Trimmotor ist unter dem Führerraum angeordnet und greift hier in das Gestänge der Trimmklappenbetätigung ein. Aus Sicherheitsgründen ist ferner für die Trimmklappe im Höhenruder noch eine mechanische Verstellung vorgesehen, die über ein Handrad im Führerraum vorgenommen wird. Als Trimmklappen werden nur die beiden inneren Hilfsruder benutzt. Sie sind außerdem mit einer Federsteuerung (12 kg Federvorspannung) ausgerüstet. Die beiden äußeren Hilfsruder sind lediglich weggesteuert.

Die Betätigung der Seitenruder erfolgt über die Fußhebel vor den beiden Führersitzen. Die Ausschläge der Seitenruder betragen ±35° und sind ebenfalls durch Anschläge an den Pedalen und an den Rudern begrenzt. Zwischen Seitenflosse und -ruder ist eine Ölstrebe mit Umgehungskanal als Schwingungsdämpfer eingebaut (im rechten und linken Leitwerk). Beide Seitenruder sind ebenfalls mit Hilfsrudern ausgerüstet, davon ist das linke Hilfsruder federgesteuert und wird als Trimmklappe benutzt. Dagegen ist das rechte Hilfsruder lediglich weggesteuert. Die Verstellung der Trimmklappe im linken Seitenruder erfolgt ebenfalls über den Dreiachsenschalter und durch zwei elektrische Motoren, die über die sogenannte Kumastrebe die Bewegungen der Trimmklappe vornehmen. Die Kumastrebe selbst ist in der Mitte der Höhenflosse eingebaut. Eine in der Ju 290 eingebaute Rollbremse ermöglicht das Feststellen der Seitenruder von Hand. Eine Übersteuerung ist jedoch in jedem Falle möglich.
Die Betätigung der äußeren und inneren Querruder wird gemeinsam durch das Steuerhorn an der Steuersäule vorgenommen. Die Querruderausschläge betragen ±20° und sind durch entsprechende Anschläge begrenzt. Beide Querruder, sowohl das innere als auch das äußere, sind wiederum mit Hilfsrudern versehen. Davon ist die Klappe am inneren Ruder federgesteuert, jedoch nur einseitig nach oben. Die Klappe am äußeren Ruder ist weggesteuert und dient gleichzeitig als Trimmklappe. Der Trimmotor für die Querrudertrimmklappe ist im Rumpf am Spant 9 eingebaut. Die innere Federklappe ist nicht fluchtend, sondern sie ragt etwas aus dem Strak, damit sie immer durch den Staudruck auf den Anschlag gebracht wird.
Die Betätigung der Landeklappen erfolgt elektrisch-hydraulisch über die Druckölanlage. Die Anstellung der Landeklappen auf Startstellung beträgt –25°, auf Stellung »Landen« –40°. Die Betätigungszylinder sind, wie bereits erwähnt, im Rumpf, am Spant 9f und 9i eingebaut.

Triebwerk

Die Ju 290 wird mit vier BMW 801-Motoren ausgerüstet. Die ersten Maschinen (Werk-Nr. 157–161) haben das ML-Triebwerk erhalten, während ab Werk-Nr. 162 das MG-Triebwerk zum Einbau kommt. Es handelt sich hierbei um das gleiche Triebwerk, wie es bei der Ju 188E-Serie zum Einbau kommt. (Triebwerk 1004 F-1 bzw. 9-8801 C-1). Unterschiede sind nur in der Abgasanlage und in den Luftschrauben vorhanden.
Für die Ju 188 war eine dreiflügelige VDM-Luftschraube mit Metallblättern vorgesehen, während die Ju 290 eine dreiflügelige VDM-Verstelluftschraube mit Holzblättern erhält. Der Durchmesser ist in beiden Fällen 3,70 m.
In der Abgasanlage des Triebwerkes für

die Ju 290 ist ein Doppelerhitzer vorgesehen, die darin erwärmte Luft dient zur Beheizung des Führer- und Nutzraumes. Mit Rücksicht darauf, daß die späteren Triebwerke mit innen liegenden Sternchen-Düsen den Einbau von Erhitzern nicht mehr zulassen, werden in den Triebwerken für die Ju 290 keine Erhitzer für Flächenenteisung eingebaut. Die Ju 290 fliegt also zunächst ohne Flächen- und Höhenflossen-Enteisung. Erst ab Werk-Nr. 181 ist auch für die Ju 290 diese Enteisungsanlage vorgesehen. Die Warmlufterzeugung erfolgt in diesem Falle sowohl für die Heizung als auch für die Enteisung durch Kärcheröfen, die in der Fläche und im Rumpf untergebracht werden.

Heizungs- und Enteisungsanlage

A. Heizungsanlage für die Werknummern bis einschließlich 180.

Die Beheizung von Führer- und Nutzraum erfolgt für die oben angegebenen Maschinen durch Warmluft, die in einem Doppelerhitzer erzeugt wird. Diese Doppelerhitzer sind in jedem Triebwerk eingebaut und werden durch die Abgase von 2 Zylindern geheizt (wie bei Ju 188). Die Frischluft wird im Triebwerk vor den Zylindersternen entnommen und durch besondere in der Triebwerksverkleidung vorgesehene Kanäle zugeführt. Eine Regulierungsmöglichkeit ist durch verschiedene Klappen in den Warm- und Kaltluftleitungen vorgesehen. Am Spant 3 oben (Rückseite) sind 2 Hebel vorgesehen mit 3 verschiedenen Stellungen (warm, Halbleistung, kalt).
Eine Warmlufterzeugung für Enteisungszwecke ist in diesen Maschinen noch nicht vorhanden, sie fliegen also ohne Flächen- und Höhenflossenenteisung.

B. Heizungs- und Enteisungsanlage ab Werknummer 181.

Die Beheizung des Führerraumes, der Flächennase und der Höhenflosse erfolgt ab Werknummer 181 durch Warmluft, die in besonderen Kärcheröfen erzeugt wird.
Im Rumpf zwischen Spant 7 und 8 sind 2 Kärcheröfen von je 30000 Kcal/h übereinander eingebaut. Die in diesen beiden Öfen erzeugte Warmluft dient zur Beheizung des Führerraumes, der Liegewanne, des Nutzraumes und zur Scheibenbelüftung im Führerraum. Die Frischluft wird durch eine Hutze in der rechten Rumpfseitenwand den Kärcheröfen zugeführt. Durch 2 Klappen in den Luftleitungen ist es möglich, die Heizleistung zu regulieren. Mit der Klappe sind 3 Stellungen möglich – halb, auf und zu.

Im Rumpfende hinter Spant 15 ist ein weiterer Kärcherofen mit einer Heizleistung von 30000 Kcal/h eingebaut, er liefert Warmluft für die Beheizung der Höhenflossennase und außerdem für die Beheizung des B-2- und des Heckstandes. Die Frischluftentnahme erfolgt durch eine Hutze in der Rumpfoberseite rechts. Die Schaltung der Leitungen ist so vorgesehen, daß einmal die Flossenheizung und einmal die Beheizung des B-2- und Heckstandes eingeschaltet ist. Die Höhenflossennase ist in der gleichen Weise ausgeführt, wie es von den bisherigen Enteisernasen in Tragflächen bekannt ist.

Schließlich ist für die Beheizung der Tragflächen noch auf jeder Seite ein Kärcherofen vorhanden. Hinter Motor 1–4 sitzt je ein Gerät mit einer Heizleistung von 60000 Kcal/h. Die Frischluft für die Flächenenteisung wird von der Flügelunterseite entnommen und gelangt vom Kärcherofen aus durch eine Rohrleitung direkt in die Flügelnase.

Die Bedienung der Anlage erfolgt – mit Ausnahme der Betätigung der Klappen – über elektrische Schalter und Steuerventile. Jeder Ofen ist in der Hauptschalttafel mittels Selbstschalter abgesichert. Im Bedientisch sitzen ferner je ein elektrischer Schalter für die Enteisungsanlage und für die Heizung. Außerdem sind 4 Schauzeichen vorgesehen für die Überwachung der Anlagen während des Fluges.

Der Kraftstoff für die einzelnen Kärcheröfen wird der Kaltstartleitung entnommen und zwar vor dem Kaltstarthahn. Es sind 4 Anschlußstellen (vor jedem Kaltstarthahn) vorhanden. In der Zuführungsleitung zu den 3 kleineren Öfen ist jeweils ein elektrisches Umschaltventil eingebaut, damit der Kraftstoff wahlweise ein- oder abgeschaltet werden kann. Bei den größeren Öfen sitzt das entsprechende Ventil direkt am Gerät. In der Kraftstoffzuführungsleitung ist außerdem vor jedem Ofen ein Filter eingebaut.

C. Luftschraubenenteisung.

Die Enteisung der Luftschraubenblätter erfolgt durch eine Enteisungsflüssigkeit, wie sie auch bei anderen Mustern Anwendung findet. Die Enteisungsflüssigkeit wird bei der Ju 290 in 2 geschützten Behältern von je 75 Ltr. Inhalt mitgeführt. Diese Behälter sind im linken Tz eingebaut. Eine elektrische Enteiserpumpe drückt die Flüssigkeit zu den 4 Triebwerken, wo sie über einen Schleuderring und besondere Leitungen auf die Blattvorderkanten gespritzt wird. Die Enteiserpumpe sitzt im Rumpfmittelstück, der Schalter zum Einschalten der Pumpe im Bedientisch links. Der eine der beiden Behälter ist außerdem mit einer Inhaltsanzeige ausgerüstet.

Kraftstoffanlage

Die Kraftstoffanlage bei der Ju 290 enthält 7 geschützte Kraftstoffbehälter. Im Tf sind die beiden Entnahme- bzw. Hauptbehälter von je 2950 Ltrn. eingebaut. Jeder Behälter enthält zwei elektrische Förderpumpen, die den Kraftstoff in 4 Saugleitungen zu den 4 Motoren führen. Außer diesen 4 Zuführungsleitungen sind in jedem Behälter noch 2 Entnahmeleitungen vorhanden, die vom Behälter über die FB-Armatur direkt zu den Motoren geführt werde). Die Ventilbatterien ermöglichen die Kraftstoffentnahme für alle 4 Motoren aus einem Hauptbehälter. Die Schaltung der Ventilbatterien erfolgt von einem Hebel am Bedientisch. Es sind 3 Stellungen vorgesehen. Gleichzeitig werden mit demselben Hebel die Förderpumpen in den Entnahmebehältern aus- und eingeschaltet, je nachdem in welche Stellung der Hebel gebracht wird. Außer den beiden Kraftstoffentnahmebehältern sind noch 5 Zusatzbehälter vorhanden:
im Tragflügel ein Zusatzbehälter von 1650 Ltrn. Inhalt,
im Tz ein Zusatzbehälter von 2900 Ltrn. Inhalt,
im Rumpf ein Zusatzbehälter von 3450 Ltrn. Inhalt,
Die gesamte mitgeführte Kraftstoffmenge beläuft sich demnach auf 18450 Ltr. Im Zusatzbehälter im Rumpf ist eine elektrische Förderpumpe eingebaut, während die beiden Zusatzbehälter im Tz und Tf je 2 elektrische Förderpumpen enthalten. Von den beiden Tankpumpen in den

Zusatzbehältern des Tz und Tf fördert immer eine Pumpe den Kraftstoff in den rechten Entnahmebehälter, die andere in den linken. Beim Umpumpen des Kraftstoffs aus dem Rumpfbehälter ist ein Umschalthahn zu betätigen, um den Kraftstoff in den gewünschten Entnahmebehälter zu bekommen. Der Umschalthahn sitzt im Rumpf an der rechten Seitenwand und wird von Hand betätigt. Das Einschalten der Tankpumpen in den Zusatzbehältern erfolgt von 2 Drehschaltern aus, die im Bedientisch zwischen den beiden Führern vorgesehen sind.

Eine Umpumpmöglichkeit von Hand ist für den Zusatzbehälter im Rumpf vorgesehen. Die Handpumpe ist ebenfalls in der rechten Rumpfseitenwand angeordnet. Auch hierbei ist der Umschalthahn entsprechend zu schalten.

Für alle Zusatzbehälter ist Schnellablaß vorgesehen. Der Schnellablaß wird durch Ladeluft betätigt, das Einschalten erfolgt über elektrisch gesteuerte Absperrventile. Hierfür sind 2 Kippschalter in der Nähe des Drehschalters für das Umpumpen im Bedientisch nach Hochklappen der Sicherung zu schalten. Diese beiden Schalter sind für die Zusatzbehälter im Tragwerk vorgesehen. Der Schalter für Schnellablaß des Rumpfbehälters sitzt in der Rückwand des Führerraumes (Spant 3).

Um den Inhalt der einzelnen Zusatzbehälter messen zu können, ist ein Umschalter mit einem Anzeigegerät für die 4 Zusatzbehälter im Tragwerk im Gerätebrett bzw. auf dem Bedientisch eingebaut. Der Rumpfbehälter hat eine besondere Inhaltsanzeige mit besonderem Anzeigegerät im Instrumentenbrett. Für die Entnahmebehälter ist eine gesonderte Inhaltsanzeige eingebaut mit Voll- und Restwarnung.

Für die Anlaßanlage ist ein besonderer Anlaßbehälter von 10 Ltrn. Fassungsvermögen vorgesehen. Er ist an der rechten Rumpfseitenwand vor dem Rumpfbehälter eingebaut. Ferner sind eine Elektro-Anlaßpumpe und 4 getrennte Anlaßventile vorhanden. Das Einschalten der Anlaßpumpe erfolgt über einen Schalter in der rechten Seitenwand des Bedientisches, wo auch die 4 Anlassergriffe zu finden sind. Die Anlassergriffe sind nach Öffnen der Klappe zugänglich. Die Anlaßventile sind hinter jedem Brandschott eingebaut.

Schmierstoff-Anlage

Die Schmierstoff-Anlage ist für jedes Triebwerk getrennt. Im Triebwerkszwischengerüst ist je ein Schmierstoff-Behälter mit einem Gesamtinhalt von 175 Ltrn. vorgesehen. Der Inhalt dieses Behälters setzt sich zusammen aus 126 Ltrn. Öl, 20 Ltrn. Kraftstoff und 29 Ltrn. Luft. Ausser diesen vier Schmierstoff-Behältern sind noch zwei weitere Zusatzbehälter mit einem Gesamtinhalt von je 260 ltr. vorhanden (220 Ltr. Öl und 40 Ltr. Kraftstoff). Ein Zusatzbehälter ist im linken Tz untergebracht, der andere im Rumpf hinter dem Kraftstoffbehälter. Das Umpumpen des Schmierstoffes aus den Zusatzbehältern in die vier Hauptbehälter kann sowohl von Hand als auch über eine elektrische Motorpumpe erfolgen. Elektrische Pumpe, Handpumpe und die vier Nachtankhähne, durch die der Schmierstoff in die gewünschten Schmierstoffbehälter gepumpt werden kann, sitzen im linken Tz am Träger 1 und zwar in dem Raum zwischen Wurzelspant, Querverband 1 und Träger 1 und 2. In dem gleichen Raum ist auch der eine Zusatzbehälter zu finden. Die Handpumpe und die vier Nachtankhähne werden über Seilzüge betätigt. Pumpenantrieb und Bedienhebel sitzen im Führerraum am Spant 3 im unteren Teil.

Eine Inhaltsanzeige ist für alle Behälter vorgesehen und zwar ein Anzeigegerät mit Umschalter für die vier Hauptbehälter und mit Schauzeichen für Voll- u. Leer-Warnung. Anzeigegerät und Schauzeichen im Instrumentenbrett; Umschalter im Bedientisch. Die Inhaltsanzeige für die beiden Zusatzbehälter erfolgt über je ein besonderes Anzeigegerät, die ebenfalls in der Rückwand des Führerraumes Spant 3 in der Nähe des Schmierstoff-Handpumpenantriebes zu finden sind. Für das Umpumpen aus dem einen oder anderen Zusatzbehälter ist außer dem Einschalten oder Betätigen der Pumpen noch der Umschalthahn auf den entsprechenden Behälter zu schalten. Der Umschalthahn wird betätigt durch einen Handgriff der an der linken Rumpfseitenwand angebracht ist.

Die Entnahme erfolgt am Boden des Behälters in die Vorlaufleitung. In der Vorlaufleitung direkt hinter dem Brandschott befindet sich ein Absperrhahn, der über einen Gestängezug zusammen mit der Brandhahnschaltung betätigt wird. Die Vorlaufleitung führt dann zur Vorlaufpumpe. Von hier gelangt der Schmierstoff über den Kühler zur Frischölpumpe, die den inneren und äußeren Schmierkreislauf des Motors mit Öl versorgt. Die Rücklaufpumpen fördern das Öl aus dem Ölsumpf in den Behälter zurück. In der Rücklaufleitung ist ein Filter vorgesehen, außerdem eine Ringdüse mit Anschluß einer Kraftstoffleitung für die Kaltstartanlage. Der Kraftstoff wird an der Kraftstoffpumpe entnommen und über einen Absperrhahn der Ringdüse zugeführt. Der Absperrhahn sitzt am Träger 1 des Tz und wird über ein Gestänge betätigt. Im Auslauf der Fahrwerksverkleidung (auf der Unterseite des Tz) sind zwei Hebel vorgesehen, durch die jeweils der gewünschte Absperrhahn bei der Kaltstartvorbereitung geöffnet oder geschlossen werden kann. Die Hebel sind so angeordnet, daß in geöffneter Stellung die Abdeckung nicht angebracht werden kann.

Im Instrumentenbrett sind für jedes Triebwerk Temperatur- und Druckanzeigegeräte vorhanden. Gemessen wird die Schmierstoff-Eintrittstemperatur und der Schmierstoffdruck.

Elektrische Anlage

A. Stromversorgung

Das Bordnetz wird durch vier Generatoren à 3000 Watt bei einer Spannung von 29 Volt gespeist. Die Generatoren liefern ihren Strom über Regler mit Spannungskonstanthaltung und über die dazu gehörigen Entstörkondensatoren in das Bordnetz.

Außerdem ist eine Batterie, bestehend aus zwei Sammlern 6DE6 F mit 75 Ah im Rumpf zwischen Spant 2 u. 3 vorhanden. Die Batterie ist über einen Ferntrennschalter mit elektrischer Ein- und Ausschaltung an das Netz angeschlossen. In der gleichen Leitung sitzt ein Nebenwiderstand mit Strommesser, welcher den Zustand des Ladens oder Entladens der Sammler anzeigt. Der Netzausschalter trennt Sammler und die vier Generatoren vom Bordnetz. Die Sammler können außerdem durch einen Kippschalter, der neben dem Einstieg im Rumpf angeordnet ist, über einen Fernselbstschalter ab- und zuge-

schaltet werden. Um die Bordnetzspannung ablesen zu können, ist ein Voltmesser vorhanden.
Der Außenbordanschluß ist über einen besonderen Selbstschalter mit dem Bordnetz verbunden. Es bestehen zwei Möglichkeiten:

1. den Außenbordanschluß mit den Sammlern parallel zu schalten.
2. den Außenbordanschluß allein auf das Bordnetz zu schalten.

B. Anlaß- und Zündanlage

Jeder Anlaßmotor ist direkt hinter der Entstördose an das Netz angeschlossen (Ersparnis von Leitungen). Mit dem Anlaßschalter im Führerraum können folgende Vorgänge geschaltet werden:

1. Drücken: Anlaßmotor läuft und die Schwungmasse wird auf die gewünschte Drehzahl gebracht.
2. Ziehen: Anlaßmotor wird mit Flugmotor gekuppelt.
3. Drehen: Hierdurch wird das Anlaßventil betätigt, gleichzeitig wird der Anlaß-Trafosummer eingeschaltet.

C. Beleuchtungsanlage

Sie umfaßt: Scheinwerfer, Kennlichter, Beleuchtung von Führer- und Nutzraum, Handlampen, UV-Beleuchtung und Revi-Beleuchtung.

D. Heizung

Um die Vereisung des Staurohres auszuschließen, ist das Staurohr elektrisch heizbar. Ein Schauzeichen zeigt an, ob die Heizung eingeschaltet ist.
In den ersten Serienmaschinen sind ferner Anschlüsse für Heizbekleidungen in der Maschine vorgesehen.

E. Elektrische Antriebe

1. Ölkühlring und Drosselringbetätigung
Zur Regulierung der Leistungen des Ölkühlers und zur Regulierung der Zylindertemperaturen werden der Nasenspaltring bzw. der Haubenring durch Drucköl betätigt. Die Steuerung der Betätigung erfolgt dagegen elektrisch. Es sind im Führerraum 16 Druckknöpfe vorhanden, durch die jeweils die erforderlichen Steuerschieber geschaltet werden. Gleichzeitig mit dem betreffenden Steuerschieber wird jeweils ein weiterer Schieber geschaltet, der es erst ermöglicht, daß das Drucköl in die Triebwerke zu den Arbeitszylindern gelangt.
Die Haubenringbetätigung fällt in Zukunft fort, da die Betätigung des Kühlringes keine nennenswerten Reguliermöglichkeiten für die Zylindertemperaturen ergibt.
2. Luftschraubenverstellung
Die Verstellung der Luftschraubenblätter erfolgt elektrisch-hydraulisch. Bei laufenden Motoren erfolgt normalerweise die Verstellung durch Drucköl. Unabhängig von dieser Verstellmöglichkeit ist bei stehenden Motoren eine elektrische Verstellung der Luftschraubenblätter möglich. Der Wahlschalter im Führerraum muß hierfür auf Handverstellung geschaltet werden, dann kann der Flugzeugführer jede Drehzahl einstellen. Vom Handschalter wird die gewünschte Blattstellung über einen Elektromotor, der direkt auf das Verstellgerät arbeitet, einreguliert.
Die Überwachung der Luftschraubenverstellung erfolgt ebenfalls elektrisch. Hierzu ist an jedem Motor ein Geber, der mechanisch mit der Verstell-Luftschraube verbunden ist, vorhanden und überträgt durch ein Drehfeldsystem die Stellung der Blätter auf das dazugehörige Anzeigegerät.
3. Luftschraubenenteisung
Die Förderung der Enteisungsflüssigkeit erfolgt durch eine elektrische Pumpe, die durch einen Kippschalter eingeschaltet wird. Sie sitzt im linken Tz, wo sich auch die beiden geschützten Behälter mit der Enteisungsflüssigkeit befinden, und fördert die Flüssigkeit zu den vier Triebwerken.
4. Dreiachsentrimmung
Die Trimmung für alle 3 Achsen erfolgt elektrisch. Im Führerraum befindet sich im Bedientisch ein Dreiachsentrimmschalter. Mit diesem Schalter werden die einzelnen Motoren, die in die jeweiligen Trimmgestänge eingreifen, betätigt. Der Motor für Seitenrudertrimmung sitzt im Rumpfende bzw. in der Höhenflosse, für die Höhenrudertrimmung dagegen unten im Führerraum und für die Querrudertrimmung im Rumpf am Spant 9.
Für die Seitenrudertrimmung ist an der Trimmstrebe ein zweiter Motor angeordnet, der durch einen Kippschalter am Steuerhorn betätigt wird und somit ein Zurückholen der Trimmklappe bei Ausfall des ersten Motores ermöglicht. Beide Motoren sind zu einer Einheit vereinigt und bilden die sogenannte Kumastrebe.
Für die Höhenrudertrimmung ist außer dem Teil »Höhe« im Dreiachsentrimmschalter noch ein weiterer Schiebeschalter mit Rückholung im Steuerhorn angeordnet. Er ist mit dem Dreiachsentrimmschalter parallel geschaltet und ermöglicht eine Betätigung der Höhenrudertrimmung in beiden Richtungen.
Die Getriebe für Höhen- und Querrudertrimmung sind mit Rutschkupplungen versehen. Diese Rutschkupplungen sprechen an, wenn die Anschläge in den Getrieben erreicht sind. Das Seitenrudergetriebe dagegen arbeitet über eine Gewindespindel, an der elektrische Endabschalter vorhanden sind, die die Getriebe nach Erreichen der Endstellung elektrisch abschalten.
Die Stellung sämtlicher Trimmklappen wird durch Potentiometer auf ein Dreifach-Anzeigegerät im Führerraum übertragen. Die Anlage arbeitet nach dem Patin-System.

K. Selbststeuerung

In der Ju 290 ist die Patin-Dreiachsensteuerung eingebaut. Es sind alle 3 Achsen angeschlossen. Die Rudermaschinen für Höhen- und Seitenruder sind im Rumpfende eingebaut und greifen hier in das Steuerungsgestänge ein, während die Rudermaschine für die Querruder im Rumpf eingebaut ist und hier in das Querrudergestänge eingreift.

L. Flugüberwachung und Navigation

Zwei Wendezeiger und ein Wendehorizont sowie die Außenluft-Temperatur-Meßanlage sind durch drei Selbstschalter an das Bordnetz angeschlossen. Die Außenlufttemperatur-Meßanlage ist zusammen mit einem Wendezeiger durch einen Selbstschalter abgesichert. Der Geber für die Temperatur-Messung sitzt unter dem Führerraum, der Wendehorizont ist im Gerätebrett links angeordnet.

M. Elektrische Meß- und Überwachungsanlage

1. Drehzahlmessung und Gleichlaufanzeige
Diese Anlage arbeitet unabhängig vom Bordnetz. Jeder Motor treibt einen Wechselstromgenerator, der eine von der Drehzahl unabhängige Spannung auf einen

Spannungsmesser liefert, dessen Skala in ... U/min. geeicht ist. Im Gerätebrett sind zwei Doppeldrehzahlmesser eingebaut.

Die eingebaute Gleichlaufanzeige ermöglicht das Abstimmen der Motore untereinander auf gleiche Drehzahl, hierbei wird der Motor 1 (links außen) zugrunde gelegt. Die Drehzahlmessanlage dieses Motors kann über einen Umschalter auf die Anzeigegeräte der anderen Triebwerke 2, 3 u. 4 geschaltet werden, d. h. er arbeitet parallel zu den Gebern der übrigen Motoren. Der Zeiger des Anzeigeinstrumentes kommt erst dann zur Ruhe, wenn Spannung und Frequenz der beiden Geber übereinstimmen, d.h. also wenn beide Motoren die gleiche Drehzahl besitzen. Auf diese Weise kann jeder Motor mit dem Motor 1 in Übereinstimmung gebracht werden und damit ist der Gleichlauf aller vier Motoren erreicht.

2. Schmierstoff-Temperaturmessung

Gemessen wird die Schmierstoff-Eintrittstemperatur. Die Anlage arbeitet nach dem Widerstandsmessverfahren. In jedem Triebwerk ist ein Geber eingebaut und im Führerraum vier Anzeigegeräte.

3. Kraftstoff-Vorratsmessung

Gemessen wird der Inhalt sämtlicher Kraftstoffbehälter. Für die beiden Entnahmebehälter ist je ein Anzeigegerät vorhanden. Zwei Schauzeichen für Voll- und Leerwarnung.

Für die vier Zusatzbehälter im Tf und Tz ist ein Gesamtanzeigegerät eingebaut und mittels eines Drehumschalters kann der Inhalt der Zusatzbehälter abgelesen werden. Für den Rumpfbehälter ist ein besonderes Anzeigegerät vorhanden.

4. Schmierstoff-Vorratsmessung

Die Inhaltsmessung der Schmierstoffbehälter arbeitet in der gleichen Weise wie für Kraftstoff. In jedem Hauptbehälter ist ein Geber vorhanden und im Führerraum ein Anzeigegerät. Mit einem Drehumschalter können die einzelnen Hauptbehälter auf das Anzeigegerät geschaltet werden. Außerdem sind zwei Schauzeichen für Rest- und Vollwarnung für den Schmierstoff-Hauptbehälter vorhanden.

Der Inhalt der beiden Zusatzbehälter im Tz und Rumpf wird über je einen Geber und Anzeigegerät ebenfalls gemessen.

5. Landeklappen-Betätigung

Die Verstellung der Landeklappen erfolgt hydraulisch. Die Steuerung des Drucköles dagegen elektrisch. Im Bedientisch sind drei Knöpfe vorhanden: Reise, Start, Landung. Beim Drücken der Knöpfe fährt die Landeklappe in die jeweils gewünschte Stellung. Die Steuerventile werden nach beendetem Fahrvorgang selbsttätig abgeschaltet. In der Landeklappenbetätigung ist gegen zu hohe Staudrücke ein Federpaket als Sicherung eingebaut. Beim Ansprechen dieser Sicherung wird ein elektrischer Schalter betätigt, der den Steuerschieber schaltet, sodaß die Landeklappe in Richtung »Reisestellung« einfährt. Wenn die äußeren Kräfte das Federpaket nicht mehr überbrücken können, wird der Schalter und der Steuerschieber wieder abgeschaltet und die Landeklappe bleibt in der jeweiligen Stellung stehen.

6. Fahrwerksbetätigung

Fahrwerk und Sporn werden ebenfalls hydraulisch betätigt und die zugehörigen Steuerschieber wie bei der Landeklappenbetätigung elektrisch gesteuert. Es ist ein Zweistellungsschalter im Bedientisch vorgesehen, mit dem die entsprechenden Kommandos »Einfahren« bzw. »Ausfahren« gegeben werden können. Die Steuerschieber werden nach beendetem Fahrvorgang selbsttätig abgeschaltet. Eine Mittelstellung ist also bei der Ju 290 im Gegensatz zu den anderen Baumustern nicht mehr vorhanden.

Die Spornfeststellung wird durch Drucköl bewirkt und ebenfalls durch ein elektrisches Ventil eingeschaltet.

7. Öldruck-Speicherschaltung

In die Fahrwerksbremsanlage ist ein Druckspeicher eingebaut, der den Druck für die Bremsanlage aufrecht erhalten soll (40–75 atü). Beim Nachlassen des Druckes wird über einen elektrischen Schalter der Druckspeicher wieder mit Drucköl gefüllt. Nach Erreichen des Enddruckes wird über den gleichen Schalter das Drucköl wieder abgeschaltet. Der Vorgang wird selbsttätig gesteuert. Außerdem kann der Druckspeicher durch Betätigen eines Druckknopfes von Hand aus gefüllt werden.

Beide Schaltungen, sowohl über den elektrischen Schalter als über den Druckknopf steuern den Magnetschieber Hv 1, der den Durchfluß des Öles zum Druckspeicher freigibt bzw. abschaltet.

8. Schmierstoff-Nachtankanlage

Für das Umpumpen des Schmierstoffes aus den Zusatzbehältern in die einzelnen Hauptbehälter sitzt im linken Tz eine durch Elektromotor angetriebene Pumpe. Sie wird durch einen Ausschalter am Spant 3 betätigt. Die weitere Schaltung über die einzelnen Umpumphähne ist bereits bei der Schmierstoffanlage behandelt worden.

Kraftstoff-Anlage

a. Entnahme- und Umpumpanlage

In den 7 Kraftstoff-Behältern sind insgesamt 14 elektr. Tankpumpen eingebaut. (Bis Werk-Nr. 174 einschließlich waren es 13 Tankpumpen, da im Rumpfbehälter zunächst nur 1 Pumpe eingebaut war.) In allen Behältern sind je 2 Pumpen vorhanden. Die Pumpen in den Entnahmebehältern werden von den Schalthebeln im Bedientisch, die die FB-Armaturen betätigen, mitgeschaltet. Es gibt drei Stellungen der Hebel:

1. Start, hierbei sind die Pumpen eingeschaltet.
2. Reise, hierbei sind die Tankpumpen ausgeschaltet.
3. Reste, hierbei sind die Tankpumpen wieder eingeschaltet.

In den Zusatzbehältern befinden sich ebenfalls je zwei elektrische Pumpen, die in zwei Gruppen abgesichert sind. Im Bedientisch befindet sich ein Drehumschalter, durch den die einzelnen Pumpen eingeschaltet werden können. Es werden immer zwei Pumpen gemeinsam geschaltet, also je eine Pumpe 1 und 4, oder 2 u. 3, oder die beiden Pumpen im Rumpfbehälter Z 5. Bei den ersten Maschinen, wo im vorderen Rumpfbehälter nur eine Pumpe vorhanden ist, wurde dieselbe an einem besonderen Schalter am Spant 3 eingeschaltet. Während jetzt alle Pumpen auf zwei Drehschalter vereinigt sind.

b. Schnellablaß-Anlage

Die Zusatzbehälter im Raum Tf u. Tz sind mit Schnellablaß ausgerüstet. Durch drei Kippschalter, zwei im Bedientisch (1 Spant 3) ist der Schnellablaß zu betätigen. Es sind für jeden Behälter ein elektrisch gesteuertes Absperrventil für die Druckluft und ein Ventil in der Ausflußleitung vorgesehen. Es sind jeweils die beiden Tf und Tz-Behälter zusammengeschaltet.

Übersicht der mit Drucköl betätigten Teile

1 Haubennasenring (Schmierstoffkühler)
2 Drosselring (Motorbelüftung)
3 Fahrwerk Ein- und Ausfahren
4 Fahrgestell-Bremse
5 Landeklappe
6 Höhenflosse

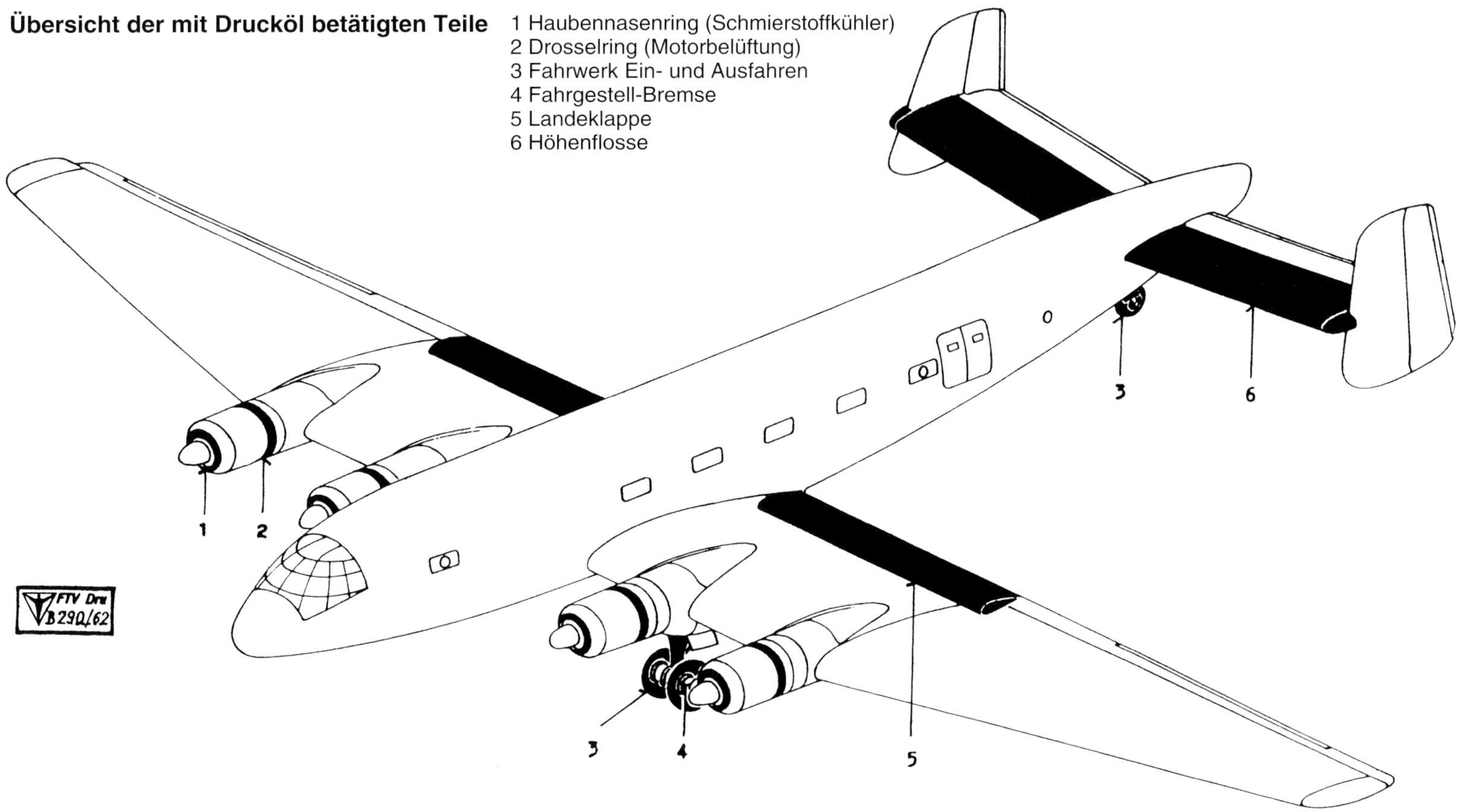

c. Einspritz-Anlage
Die Einspritzpumpe wird durch einen Elektromotor getrieben und durch einen Kippschalter eingeschaltet. Die zur Einspritzanlage gehörenden Anlaßventile werden durch Drehen der Anlaßschalter betätigt.
d. Gemisch-Anzeige
Für jedes Triebwerk ist ein Schauzeichen vorhanden, das aufleuchtet, wenn der Motor mit Reich-Gemisch betrieben wird. Das Schauzeichen wird über einen Endschalter im Triebwerk zum Ansprechen gebracht.

Drucköl-Anlage

Folgende Betätigungen sind bei der Ju 290 A-2 an die Druckölanlage angeschlossen:
1. Fahrwerksbetätigung
2. Landeklappenbetätigung
3. Ölkühlring- und Luftdrosselringbetätigung
4. Bremsanlage

In einigen Maschinen sind auch noch Schalter und Geräte für Höhenflossenverstellung vorhanden. Diese Anlage war vorgesehen für die Transporter-Ausführung. Bei dem Fernerkunder wird die Höhenflosse nicht verstellt, der Kippschalter im Bedientisch ist deshalb plombiert, sodaß die Anlage nicht betätigt werden kann. Die Geräte für die Höhenflossenverstellung sollen in Zukunft fortfallen und zum Teil auch rückwirkend wieder ausgebaut werden.

Leerlaufkreis

Das gesamte Druckölnetz wird von vier Barmag-Pumpen mit Öl versorgt. Die Pumpen sind an den Triebwerken am Motor angebracht. Die Ausführung ist die gleiche wie in der Ju 188, da die Triebwerke für beide Typen gleich sind. Wir haben in der Ju 290 ein Zweikreissystem, d. h. der Leerlauf ist in zwei Kreisläufe unterteilt, die von je zwei Pumpen gespeist werden, und zwar die beiden Pumpen auf der linken und die beiden Pumpen auf der rechten Seite versorgen je einen Kreislauf (linkes und rechtes Netz). Die Schaltung der Steuerschieber ist so durchgeführt, daß bei Ausfall von zwei Pumpen auf einer Seite stets das Fahrwerk betätigt werden kann und außerdem Bremsanlage und Motor-Hydraulik betriebsfähig sind.

Die beiden Kreisläufe werden aus einem gemeinsamen Behälter gespeist. Der Behälterinhalt beträgt insgesamt 48 l, davon sind 38 l Öl. Er ist am Spant 3 im Nutzraum angeordnet und ist ein geschützter Behälter (Sackbehälter). In der Rücklaufleitung sind unter dem Behälter zwei Filter vorgesehen, die ebenfalls am Spant 3 befestigt sind.

Zur Überwachung des Öldrucks in den beiden Kreisläufen sind zwei Doppeldruckmesser im Bedientisch vorn angebaut. Es kann also der Druck jeder einzelnen Motorpumpe kontrolliert werden. Beide Kreise sind durch ein gemeinsames Überdruckventil abgesichert, das sich bei einem Druck von 85 atü öffnet. Vor dem Überdruckventil sind Rückschlagventile vorgesehen, die die beiden Kreise voneinander trennen. Überdruckventil und Rückschlagventile befinden sich ebenfalls am Spant 3 neben dem Druckölbehälter. Insgesamt sind drei Rückschlagventile vorhanden, zwei für das rechte und linke Netz, das

dritte dient zur Absicherung des Notbetätigungskreislaufes.
Entsprechend den beiden Kreisläufen sind drei Außenbordanschlüsse vorgesehen, davon ist ein Anschluß an der gemeinsamen Saugleitung angeschlossen, während zwei Anschlüsse für die Druckleitungen des rechten und linken Kreislaufes vorgesehen sind.
In der Druckleitung befindet sich hinter jeder Pumpe ein Rückschlagventil, sodaß das rechte und das linke Netz bei Ausfall einer Pumpe einwandfrei weiterarbeiten können.

Fahrwerksbetätigung

Die beiden Steuerschieber Hb 1 u. Hb 2 schalten das Ein- und Ausfahren des Fahrwerkes. Durch den Steuerschieber Hb 1 wird das linke Fahrgestell und der Sporn, durch Hb 2 dagegen rechtes Fahrgestell und gleichzeitig der Druckspeicher für die Bremsanlage betätigt. Es wurden für die Fahrwerksbetätigung zwei Steuerschieber vorgesehen, da die verhältnismäßig großen umlaufenden Ölmengen anderenfalls zu große Durchflußwiderstände ergeben hätten. Es ist in jedem Fahrwerk und am Sporn ein Arbeitszylinder vorgesehen, der das Ein- und Ausfahren vom Fahrwerk in der bekannten Weise vornimmt. Die Klappen vom Fahrwerk und Sporn werden nur mechanisch betätigt, es ist also keine besondere Arbeitsstrebe für die Fahrwerksklappen erforderlich. Über eine besondere Notleitung ist das Ausfahren von Fahrgestell und Sporn auch mittels der Handpumpe möglich.

Landeklappenbetätigung

Die Bewegungen der Landeklappen werden durch zwei Steuerschieber gesteuert. Ersterer bewirkt das Ausfahren der Landeklappen in Start- und Landestellung. Letzterer dagegen das Fahren in die Reisestellung. Der zweite Anschluß vom Steuerschieber ist für die Bremsanlage und die Motorhydraulik vorgesehen. Zur Betätigung sind zwei Arbeitszylinder im Rumpf vorgesehen, davon verstellt der eine Zylinder die Landeklappe in Startstellung, und wenn auch der zweite Zylinder ausfährt, wird die Landestellung erreicht.

Motor-Hydraulik

Der Steuerschieber gibt auch das Drucköl für die Motor-Hydraulik und gleichzeitig für die Bremsanlage frei. Die Motor-Hydraulik umfaßt die Verstellung der Nasenspaltringe in den Triebwerken zur Regulierung der Leistungen des Ölkühlers und die Betätigung des Luftdrosselringes zur Regulierung der Zylindertemperaturen. Die Motor-Hydraulik ist über ein besonderes Überdruck-Umschaltventil an die Leitungen zur Bremsanlage angeschlossen. Für die beiden Kreisläufe in jedem Triebwerk ist je ein Magnetschieber hinter dem Brandschott angebaut. Geschaltet werden diese zwei Schieber gemeinsam mit dem Steuerschieber durch Einschalten der Kippschalter in der Seitenwand des Bedientisches. Es sind also insgesamt acht Kippschalter vorhanden.
Die Verstellung der Kühlringe selbst erfolgt genau wie bei der Ju 188 durch zwei Arbeitszylinder. In den Zuführungsleitungen ist jeweils eine hydraulische Verblockung vorgesehen, damit jede gewünschte Zwischenstellung eingehalten werden kann.

Bremsanlage

Für die beiden Laufräder sind je 2 Zweizylinderbremsen vorgesehen. Die Bremsanlage arbeitet über einen automatisch geschalteten Druckspeicher, der dafür sorgt, daß ständig ein Druck von 40–75 atü zur Verfügung steht. Zwei Bremsschalter, die über die Pedale der Seitensteuerung betätigt werden, lassen mehr oder weniger Öldurchfluß zu, um die gewünschte Bremswirkung zu erzeugen. In den Zuführungsleitungen zu den Bremszylindern ist noch ein sogenannter Parkschalter eingebaut (zwischen Bremsschalter und Bremszylinder). Er ermöglicht das Feststellen der Fahrwerksbremsen, insbesondere, wenn bei abgestellten Maschinen die Laufradbremsen angezogen sein sollen.
Zur Überwachung des Druckes in der Bremsanlage sind zwei Druckmesser vorgesehen, einer für den Druck im Speicher und ein Doppelinstrument für den Druck in der rechten und linken Bremsanlage. Beide Instrumente sind von den Flugzeugführern gut einzusehen.

Druckspeicher und Motor-Hydraulik können bei Ausfall des Hauptnetzes über eine Handpumpe betätigt werden.

Notbetätigung

Wie schon erwähnt, sind verschiedene Fahrvorgänge auch möglich, wenn einmal das Hauptnetz versagen sollte. Die Notbetätigung wird über eine Handpumpe ausgeführt, von wo das Drucköl über einen Wahlschalter in die entsprechenden Arbeitszylinder geleitet wird. Handpumpe und Wahlschalter sitzen im Führerraum am Spant 3. Der Wahlschalter hat sieben Anschlüsse, von denen beim Fernerkunder aber nur vier Anschlüsse benötigt werden.
Es sind folgende Möglichkeiten für die Notbetätigung vorgesehen:

1. Fahrwerk ausfahren (Laufräder und Sporn)
2. Landeklappen ausfahren
3. Motor-Hydraulik und Druckspeicher
4. Rechtes Netz

Während bei 1 u. 2 die Notbetätigung einfach durch Drehen des Wahlschalters auf die entsprechenden Stellungen vorgenommen werden kann, müssen bei der Betätigung der Motor-Hydraulik außer dem Wahlschalter auch die Kipphebel in der Seitenwand des Bedientisches geschaltet werden. Die Betätigung der Bremsanlage dagegen erfolgt wieder direkt vom Wahlschalter über den Druckspeicher zu den Bremszylindern.
Die Schaltung der Handpumpe über den Wahlschalter auf das rechte Netz ermöglicht auch die normale Betätigung der einzelnen Fahrvorgänge über die normale Schaltung mit Ausnahme vom Fahrwerk-Einfahren, bei dem die aufzuwendenden Kräfte zu groß werden.

(Vorstehender Text entspricht in Rechtschreibung und Zeichensetzung dem Original von 1943)

Anlage

Zeittafel

1925	Fritz Müller als Metallflugzeugbauer-Lehrling im Junkerswerk Dessau
03. 02. 1929	70. Geburtstag von Prof. Hugo Junkers
1933/34	Errichtung des neuen Junkerswerkes Kühnauer Straße
24. 05. 1933	Aufgabenstellung des Reichsministers der Luftfahrt zum Fernbomberbau
1934	1000-Ju-52-Bauprogramm
1935	Müller als Flugzeugprüfer
1936	Zusammenschluß von Jfa und Jumo zur Junkers Flugzeug- und Motorenwerke AG (JFM)
11. 04. 1937	Erstflug Ju 89 V-1
12. 08. 1937	Erstflug Ju 89 V-2
28. 08. 1937	Erstflug Ju 90 V-1
August 1937	Expeditionsflug Ju 52/3m »Rudolf Thüna«, D-ANOY, über Pamir-Gebirge
13. 09. 1937	Pressevorstellung Ju 90 V-1
02. 12. 1937	Erstflug Ju 90 V-2
07. 02. 1938	Absturz Ju 90 V-1 bei Libbesdorf/Dessau
26. 05. 1938	100-Stunden Test – der DLH mit Ju 90 V-2
05. und 06. 06. 1938	Deutschland-Rundflug Ju 90 V-2
04. und 08. 06. 1938	Rekordflüge Ju 89 V-2
23. 06. 1938	Erstflug Ju 90 V-3
19. 07. 1938	Vorführung von Einheitstriebwerken mit Ju 90 V-3 in Berlin-Tempelhof
August 1938	Ju 86 Nonstopflug von Halle nach Bathurst
21. 11. 1938	Erprobungsflug Ju 90 V-2 von Dessau nach Bathurst
26. 11. 1938	Absturz Ju 90 V-2 in Bathurst
1938	Anlauf der Ju 90-Kleinserie
12. 09. 1938	Erstflug Ju 90 V-4
05. 01. 1939	Beisetzung der 12 tödlich in Bathurst Verunglückten in Hamburg
05. 12. 1939	Erstflug Ju 90 V-5
30. 07. 1940	Erstflug Ju 90 V-6
06. 09. 1941	Erstflug Ju 90 V-7
28. 03. 1942	Erstflug Ju 90 V-8
30. 04. 1942	Müller – Bericht über Start – Kollision Ju 90/002 mit Me 321 in Leipheim
16. 07. 1942	Erstflug Ju 290 V-1
1942	Anlauf der Serienproduktion Ju 290 A
28. 07. 1942	Erprobungseinsatz Ju 90 V-8 in Lecce/Italien bei Savoia-Staffel
16. 10. 1942	Erstflug Ju 290/152
04. 11. 1942	Dautzenberg – Bericht über Erprobungseinsatz Ju 90 V-8 im Mittelmeer-Raum
30. 12. 1942/ 20. 01. 1943	Müller – Bericht über Fronterfahrungen Ju 90/Ju 290 in Nordafrika
Jan./Febr. 1943	Transporteinsatz Ju 90/Ju 290 an der Stalingrader Front
23. 01. 1943	Dienstreise von Flugzeugprüfer Müller nach Charkow zur Bergung Ju 90/008
09. 02. 1943	Erstflug Ju 290/154
18. 02. bis Oktober 1943	Einsatz von Flugzeugprüfer Müller bei der LTS 290
21. 02./ 04. 03. 1943	Berichte von Flugzeugprüfer Müller und Staffelkapitän Braun über Erfahrungen mit Ju 90/Ju 290 an der Ostfront
ab 30. 03. 1943	Verlegung LTS 290 unter Hauptmann Braun von Berlin nach Grosseto/Italien
07. 04. 1943	Bruchlandung von Ju 290/152 bei Tunis
24. 04. 1943	Rollschaden Ju 252 V-5 in Grosseto
01. 05. 1943	Bruchlandung von Ju 290/154 bei Biserta Staffelkapitän Brauns – Bericht über Erfahrungen mit Bewaffnung Ju 90/Ju 290
05. 05. 1943	Müller – Bericht über Erfahrungen Ju 290/Ju 252 beim Transporteinsatz in Nordafrika
07. 05. 1943	Erfahrungsbericht von Hauptmann Braun über Nachteinsatz Ju 290
20. 05. 1943	Zerstörung des Flughafens Grosseto durch alliierten Luftangriff. Verlust Ju 90/003
15. 06. 1943	Müller – Bericht über Erfahrungen mit ETW bei Ju 90 V-4
Juni 1943	Abversetzung von Hauptmann Braun. Neuer Staffelkapitän/LTS 290 Oberleutnant Wasserkampf
23. 07. 1943	Notlandung der Ju 90/007 auf dem Wasser
19. 08. 1943	Startunfall Ju 90 V-8 in Ciampino, angestrengte Versuche, die Ju 90 V-8 zu bergen
04. 09. 1943	Müller – Bericht über Sondereinsatz Ju 90/Ju 290 in Italien
08. 09. 1943	Kapitulation Italiens
11. 09. 1943	Notlandung Ju 90/002 bei Schaftlach/Tegernsee
September 1943	Verlegung LTS 290 nach Mühldorf (bei München)
Oktober 1943	Rückkehr von Flugzeugprüfer Müller nach Dessau
1944/45	Flugzeugprüfer Müller in Merseburg beim Bau von Ju 290 A-7 bzw. Huckepack-Gespanne
01. 04. 1945	20jähriges Dienstjubiläum von Müller bei Junkers
01. 08. 1946	Erstflug L-290 Orel in Prag-Letnany
22. 10. 1946	Beginn der Demontage der Junkerswerke Dessau

Personenregister

Typenregister